하루 한 장 부처의 가르침

하루 한 장 부처의 가르침

알루보물레 스마나사라 지음

심지애 옮김

시그마북스

하루 한 장 부처의 가르침

발행일 2025년 12월 1일 초판 1쇄 발행
지은이 알루보물레 스마나사라
집필협력 이치린도 이케야 게이
옮긴이 심지애
발행인 강학경
발행처 시그마북스
마케팅 정제용
에디터 양수진, 최연정, 최윤정
디자인 김문배, 강경희, 정민애

등록번호 제10-965호
주소 서울특별시 영등포구 양평로 22길 21 선유도코오롱디지털타워 A402호
전자우편 sigmabooks@spress.co.kr
홈페이지 http://www.sigmabooks.co.kr
전화 (02) 2062-5288~9
팩시밀리 (02) 323-4197
ISBN 979-11-6862-431-3 (03100)

BUDDHA NO OSHIE ICHINICHI ICHIWA
Copyright © 2017 by Alubomulle SUMANASARA
All rights reserved.
First original Japanese edition published by PHP Institute, Inc., Japan.
Korean translation rights arranged with PHP Institute, Inc.
through EntersKorea Co.,Ltd.

이 책의 한국어판 저작권은 (주)엔터스코리아를 통해 저작권자와 독점 계약한 **시그마북스**에 있습니다.
저작권법에 의하여 한국 내에서 보호를 받는 저작물이므로 무단전재와 무단복제를 금합니다.

파본은 구매하신 서점에서 교환해드립니다.

* **시그마북스**는 (주)**시그마프레스**의 단행본 브랜드입니다.

존귀하신 분, 공양받아 마땅하신 분,
바르게 깨달으신 그분께
예경합니다.

차례

1월 · 7

2월 · 39

3월 · 69

4월 · 101

5월 · 133

6월 · 165

7월 · 197

8월 · 229

9월 · 261

10월 · 293

11월 · 325

12월 · 357

1월

조바심에 근심하는 세상 속에서
평정심을 유지하며 즐겁게 살자.
조바심에 근심하는 사람들 속에서
평정심을 지닌 인간으로 살아가자.

소부경전『법구경』199

1월 1일　　　　삶은 단순하다

삶이란 복잡해 보여도 실은 지극히 단순합니다.

걷다가 앉았다가 말하다가 자다가 깼다가. 그 밖에 별다른 게 없습니다.

이 단순함을 인정하지 못하는 것이 고통의 근원입니다.

이 단순함 외에 인간을 배후에서 지배하는 '우주의 신비'와도 같은 무언가가 있다고 생각한다면 그것은 망상입니다.

인생이란 원래 아주 쉽게 스스로 다룰 수 있는 것입니다.

1월 2일   지금을 즐길 수 있는가

신입사원 때는 모르는 것투성이라 괴롭습니다. 그러다 고참이 되면 책임을 져야 하니 괴롭습니다.

출세해도 다음 세대를 육성하는 것이 괴롭습니다. 은퇴하면 '오늘은 뭘 하며 보내야 하나'라며 따분함에 괴롭습니다.

이처럼 삶이란 절대 만만치 않습니다. 고통스럽습니다. 그렇게 인정하는 수밖에 없습니다.

그래서 미래가 아닌 '지금' 하는 행위에 만족감과 즐거움을 느낄 수 있는지가 중요합니다.

1월 3일　　　의미 있는 고통을 택할 것

힘들다고 관두는 것은 그 고통에서 벗어나는 길이 아닙니다.
친구들이 못살게 굴어 학교 가는 게 괴로울 때 '등교 거부'는 답이 되지 않습니다.
학교에 가지 않고 집에만 가만히 있으면 더 힘듭니다.
어느 쪽을 택해도 고통스럽기는 마찬가지라는 점을 깨달아야 합니다.
다양한 고통 속에서 나에게 의미 있는 고통을 택합시다.

1월 4일   편한 날은 오지 않는다

공부, 일, 육아... 뭘 해도 힘들다, 힘들다 말하는 사람이 있습니다. 이 사람은 지금은 힘들어도 편한 날이 올 것이라며 꾸역꾸역 힘을 냅니다.

그런데 과연 편한 날이 올까요? 공부가 고통스러운 사람은 학업을 마치고 취직하면 공부보다 일이 더 고통스럽다고 느낄 것입니다. 나이 먹으면 '옛날이 좋았지'라며 과거 타령하는 사람처럼 말이지요.

편할 날이 올 것이라는 괜한 기대에 현혹되지 말고 '지금, 즐거운' 인생을 살아야 합니다.

1월 5일   장애물 제거 게임

인생을 '장애물 제거 게임'에 빗대어 봅시다.

게임의 재미는 이기는 것보다 장애물을 하나하나 제거해 가는 과정에 있습니다.

우리의 삶은 이미 시작되었고 초기화할 수 없습니다.

모두가 죽음을 맞이하게 되며, 죽음이 인생의 결승점입니다.

결승점에 이르기까지 다양한 장애물을 만나게 됩니다.

머리를 짜내 그 하나하나를 제거해 가는 과정이야말로 진정한 게임의 묘미라고 할 수 있습니다.

1월 6일   사방에서 산에 쫓기다

우리 인생은 동서남북으로부터 작열하는 용암을 내뿜는 산에 쫓기는 것과도 같습니다. 사방에서 쫓기기에 도망칠 방도가 없습니다.

어떻게 하면 좋을까요?

우리가 할 수 있는 일은 마음을 정화하는 것뿐입니다.

동서남북에서 쫓아오는 산이란 '생로병사'를 말합니다.

생로병사는 '초기화'가 불가능합니다. 일분일초도 함부로 해선 안 됩니다.

1월 7일 고통의 질이 바뀔 뿐이다

걸어 다니는 사람은 자전거를 타고 다니고 싶을 것입니다. 자전거를 타고 다니는 사람은 오토바이를, 오토바이를 타고 다니는 사람은 자동차를, 평범한 자동차를 타고 다니는 사람은 고급 승용차를 원할 것입니다. 그러나 무엇을 택해도 각각 나름대로 고통이 있습니다. 고통의 질이 바뀌는 것뿐입니다. 어쩌면 고통의 양은 늘어날지도 모릅니다.

걸어 다니는 사람에게는 문제가 되지 않는 일이 차를 가지고 다니는 사람에게는 문제가 되는 셈입니다. 주차 공간 확보와 교통 법규 위반 등, 걸어 다니는 사람이 겪는 것 이상의 고통이 수반됩니다.

1월 8일   고통의 근원은 '싫은 마음'

'고통'이란 팔리어인 '두카(dukkha)'를 번역한 것으로 '생각대로 되지 않다'라는 뜻입니다.

고통의 근원은 한마디로 말하면 '싫은 마음'입니다. '싫다'라고 생각하는 순간, 또 다른 고통이 생겨납니다. '싫은 마음'이 온갖 문제를 만들어 버리는 셈입니다.

이 싫은 마음과 마주하는 것에서 해탈의 길이 시작됩니다.

1월 9일   고통에서 고통으로 옮겨 가다

우리가 행복하기 위해 하는 일은 A라는 고통을 견딜 수 없게 되면 B라는 고통으로 옮겨 가는 일입니다. B도 고통이라는 것을 깨달으면 이번에는 C로 옮겨 갑니다. 급기야 죽은 뒤 천국이나 정토에 가고 싶다고 기도하는 것은 현세보다 좋은 삶이 그곳에 있다고 믿기 때문입니다.

그러나 천국에 가는 것도 결국 '고통에서 또 다른 고통으로' 옮겨 가는 것에 불과하다고 부처님은 말씀하십니다.

1월 10일

고통을 발견하는 자가 고통을 극복한다

모든 생명은 고통에서 벗어나기 위해 필사적으로 발버둥을 칩니다. 그러나 고통에서 벗어나려고 아무리 몸부림친들 평안함에 이를 수 없습니다. 살아가는 것 자체가 고통이기 때문입니다.

고통에서 평안함으로 도망쳤다고 믿고 싶겠지만 사실 '고통에서 또 다른 고통으로' 도망친 것에 불과합니다. 그렇기에 필연적으로 또 다른 곳으로 도망치게 됩니다. 우리는 잠시도 고통에서 벗어날 수 없습니다. 그러나 이 사실을 인정하지 않고 '이따금' 고통스럽다고 합리화합니다. '삶 자체가 고통'이라 깨달은 부처만이 모든 생명에게 '고통을 극복하는 길'을 제시할 수 있습니다.

1월 11일 고통이 사라질 때

여태껏 따라다닌 고통이 사라지는 순간, 우리는 '평안함'을 느낍니다.

계속 서 있어 다리가 아픈 사람이 앉는 순간 평안함을 느끼는 것은 '서 있다'라는 고통의 원인이 사라졌기 때문입니다. 고통이 사라지는 순간 평안함을 느낍니다.

배가 고픈 사람은 첫입이 가장 맛있습니다. 음식을 입속에 넣는 순간 공복이라는 고통이 사라지기 때문입니다. 고통은 원인이 사라지는 즉시 해소됩니다. 고통이 사라지는 것 자체가 평안함이자 행복입니다.

1월 12일   만약 평안함만 존재한다면

첫입에 행복하고 두 입째도 행복하고 열 입째도 행복하다면 배가 찢어질 때까지 계속 먹을 것입니다. 죽을 때까지 멈추지 않고 먹겠지요.

첫입 먹을 때 행복을 느끼는 것은 강렬했던 허기짐이 사라지기 때문입니다. 두 입째부터는 첫입 때만큼 큰 행복이 느껴지지는 않습니다. 허기짐으로 인한 고통이 작아졌기 때문입니다. 열 입째 정도 되면 더 이상 공복의 고통은 없기에 맛있지 않습니다. 그뿐 아니라 배부름으로 인한 고통이 새로 찾아오기 때문에 먹는 행위를 멈춥니다.

만약 삶에 평안함만 존재한다면 인생이라는 게임은 금방 끝나고 말 것입니다.

1월 13일   희열은 오래가지 않는다

어느 정도 불행해야 기쁨도 느낄 수 있습니다. 돈이 없어 제대로 먹지도 못하고 집도 없는 사람이라면 5만 원만 생겨도 매우 기쁩니다. 그러나 부자에게 5만 원은 기쁨을 주는 대상이 아닙니다. 걷지 못하던 사람이 걷게 된다면 그야말로 엄청난 희열을 느끼겠지만 건강한 사람에게 걷는다는 것은 별일도 아닙니다.

희열은 오래 지속되지 않고 금방 사라집니다. 그리고 또 다른 희열을 찾습니다.

인간은 행복을 싫어합니다. 행복하면 따분해지고 희열을 느낄 수 없기 때문입니다.

1월 14일   얻어냈다, 해냈다

착실하게 열심히 살면서 이것저것 도전하다 성공하여 큰 회사의 사장이 되었다고 한들 노예처럼 일한 결과일 뿐입니다.

회사가 상장하면 상장하는 대로 내 손에서 멀어져 갑니다. 회사를 키운들 나이를 먹으면 자연스럽게 내 손에서 멀어져 갑니다.

그리고 죽음을 맞이할 때, 내가 아무것도 얻지 못했음을 깨달으며 인생사 덧없음을 느낍니다.

무언가를 얻어냈다, 해냈다, 어떻게 평가받았다… 사실 내 행복과 아무런 상관도 없습니다.

그저 그때그때 해야 할 일을 착실하게 하는 것이 중요합니다.

1월 15일　　　　바람직한 길이란

승패에 연연하지 말고 승패를 초월한 길을 찾아야 합니다.

바람직한 길이란 각자가 '내 능력을 발휘하는 길'입니다. 이 길을 택하면 남과 다투지 않고 나에게 맞는 세상이 열릴 것입니다.

남과 싸워 이기려는 마음만 가득하면 내 능력은 오히려 저하됩니다.

남과 상관없이 내 능력을 마음껏 발휘해야 합니다.

1월 16일   내가 가진 힘을 끝까지 발휘할 것

승패에 연연하지 않는다는 것은 각자 후회 없이 자신의 힘을 끝까지 발휘하는 것입니다.
운동회의 달리기에 빗대어 이야기하자던, 일등 한 사람은 이긴 게 아니라 자기 능력을 발휘한 것입니다.
꼴등으로 들어온 사람은 진 게 아니라 그 사람 나름의 능력을 발휘한 것입니다.

1월 17일 '가면'에 집착하지 말 것

사람은 필사적으로 '가면'을 찾아 헤맵니다.

명성 있는 학교나 회사에 들어가고 싶고 사회적으로 높은 지위를 얻고 싶고… 이런 욕망을 지니고 있습니다.

안정적인 가면을 쓰고 편안하게 살고 싶어 합니다. 가면을 자신의 정체성으로 삼는 것입니다.

그래서 가면에 철저하게 집착합니다.

가면으로 숨기려고 하는 진정한 나를 찾아야 하지 않을까요.

1월 18일　　　가면 바꿔 쓰기

대기업에 입사하여 오로지 회사에만 충성하고 살다 보면 회사에서의 직책이 자기의 본모습이라고 착각하는 사람이 많습니다. 그 '가면'이 진짜 자신이라는 생각에 가면을 벗을 수 없게 됩니다.

사람들 대부분은 가면을 계속해서 다른 것으로 바꿔 씁니다. 회사용 가면, 가정용 가면, 친구용 가면, 이런 식으로 그 상황에 적절한 가면을 고릅니다.

그때그때 가면을 잘 바꿔 쓰는 사람은 자신이 상황에 따라 바뀌는 '대용품'에 불과하다는 사실을 어렴풋이 알고 있습니다.

1월 19일 버릴 것

겉으로 보이는 화려한 가면에 속으면 안 됩니다.
대기업 사장이나 일류대학 교수라는 이유만으로 훌륭한 인격자로 여겨질 때가 있습니다. 그러나 그런 지위는 가면에 불과하며 인품은 평범한 사람과 다를 바 없을지도 모릅니다.
인간에게 필요한 것은 겉으로 보이는 화려한 가면이 아니라 깨끗한 내면입니다. 깨끗한 내면이란 질투, 증오, 분노, 탐욕 등으로 마음속이 더럽혀져 있지 않은 상태의 마음입니다.
불교에서는 '버리기'를 강조합니다. 이는 '가면을 향한 집착'을 버리라는 뜻입니다.

1월 20일   결국
             아무것도 모른 채
             죽음을 맞이한다

우주의 원리, 영혼의 존재, 영원한 천국, 극락정토, 생명의 탄생 등 탐구하고 싶은 과제는 무궁무진합니다.

그런데 이들에는 정답이 없습니다.

아무리 탐구해도 정답을 모른 채 우리는 죽음을 맞이하게 됩니다.

따라서 이런 과제들보다는 지금 나의 '삶'을 탐구한다면 어떨까요. 그 길을 한 발자국이라도 나서는 순간부터 인생에 도움이 될 것입니다.

1월 21일   노멀 라이프

'심플 라이프'는 정반대의 라이프 스타일 덕에 존재합니다.

'패스트 라이프'가 바람직하지 않다면 '슬로우 라이프'도 바람직하지 않습니다.

우리에게 필요한 건 '노멀 라이프'입니다. 노멀 라이프는 무언가를 적으로 삼아 대립하는 삶이 아닙니다.

조급할 필요도 없고 멈출 필요도 없습니다. 그저 자연스럽게 흘러가는 듯한 삶이 바람직합니다.

1월 22일　　　　　아무것도
　　　　　　　　　　남지 않는다

인류의 문명은 '나는 죽지 않는다'라는 거짓을 전제로 만들어져 있습니다.

'죽지 않는다'라는 생각에 명예나 재산을 내 것으로 만들려고 조바심을 냅니다. 다른 나라를 정복한 지도자는 자신의 동상을 세워서 스스로 불사신이 된 듯한 기분을 냅니다. 그러나 영화를 누리다 몰락한 로마제국처럼 결국은 무엇 하나 남지 않습니다.

명예나 재산을 마음껏 누리다가도 결국 죽음을 맞이하고 무덤에 묻힐 뿐입니다.

이러한 사실을 인정하고 '모두가 죽는다'라는 전제하에 살아가면 아름답고 평화로운 나날을 보낼 수 있습니다.

1월 23일

빛에서
또 다른 빛으로
나아가는 길

우리는 각자의 바람과 희망을 '빛'으로 삼아 살아갑니다. 그러나 그 바람과 희망은 우리의 마음을 지배하는 욕심과 분노, 그리고 무지라는 번뇌의 '어둠'에서 생겨납니다. 번뇌는 파멸적 에너지로, 여기서 생겨난 바람과 희망은 '빛'이 아닌 '불길'이 되어 인생에 커다란 고민과 고통을 안겨줍니다.

부처님은 '어둠'에서 생겨난 바람과 희망을 버리고 '지금 바람직한 행동'을 하는 삶을 제시하셨습니다. 그것이 '중도', 즉 '팔정도'입니다. '깨달음'이라는 빛에서 '지혜'라는 또 다른 빛으로 나아가는 길입니다.

1월 24일 문제가 많은 원인

이 세상에는 문제가 가득합니다.

무언가 특별한 일을 해서 그렇게 된 것이 아니라 평범하게 살아가고 있는 결과입니다.

모든 문제는 '나를 모른 채' 사는 것에서 기인합니다.

우리는 나 자신을 알고 살아가야 합니다. 그러면 문제가 생길 것 같다 싶은 순간이 잘 보입니다

그렇게 모든 문제는 사라질 것입니다.

1월 25일 나를 제대로 알 것

인간에 관한 것이면 뭐든 제대로 아는 게 중요합니다.

그 방법은 의외로 간단합니다.

우리는 모두 인간입니다.

'나'를 제대로 알면 됩니다.

나를 제대로 알면 다른 사람에 관해서도 제대로 아는 사람이 될 수 있습니다.

1월 26일 죽음의 문턱에서도 깨달음을 얻을 수 있다

부처님이 말씀하신 인격 향상의 길은 죽음의 문턱에서도 걸을 수 있습니다.

그 실천법은 '지금 이 순간의 나는 무엇인가'를 관찰하는 것이기 때문입니다.

죽음의 문턱에서도 지금 내가 느끼는 통증이나 몸의 감각, 마음대로 움직일 수 없는 점 등을 관찰할 수 있습니다.

지금까지 잘 살아왔는데 모든 게 나에게서 떨어져 나가는 것이 느껴지는 순간 '무상(無常)'과 '무아(無我)'를 만나게 됩니다. '생(生)은 덧없는 것이고 고통이었다'라고 몸소 느끼게 됩니다. 이렇게 죽음의 문턱에서도 얼마든지 깨달음을 얻을 수 있습니다.

1월 27일 　　　병은 기회다

병에 걸리면 고통스럽습니다.

그러나 '산다는 건 이런 거구나'라고 깨달을 수 있는 기회이기도 합니다.

중병에 걸리면 지금까지 살아온 모습을 되돌아보고 지금까지 해 온 일의 의미를 생각하게 됩니다.

아무리 크게 성공한 사람일지라도 병이라는 단 하나의 원인으로 인해 모든 게 멀어지고 맙니다. 그 모든 것들은 애초에 내 것이 아닙니다.

이때 고민하거나 절망하지 말고 마음가짐을 달리하여 남은 인생을 평안하게 보낼 수 있도록 노력합시다.

1월 28일 죽음을 의식할 것

장례식에 참석하여 고인이 평안하게 잠들기를 기도할 때, 우리는 죽음이 나와는 무관한 남의 일이라 생각합니다.

그러나 '나도 언젠가 이렇게 죽는다'라고 의식하면 확실한 변화가 찾아옵니다.

바로 '죽는 건 무서워, 어쩌지'라는 불안과 공포가 사라지는 것입니다.

죽음은 당연한 이치이며 대수로운 일이 아니라고 깨닫게 됩니다.

그러면 남과도 대립하지 않게 됩니다.

1월 29일   행복해지는 길도 행복해야 한다

행복해지는 길이 있다고 가정합시다.

그 길이 힘든 길이라면 '과연 정말로 행복해질 수 있을까?'라며 의구심이 듭니다.

행복해지는 길이라면 그 길을 걷는 과정 자체가 행복해야 합니다.

부자가 되는 길을 가고 있는데 돈이 점점 사라진다면 걱정이 되겠지요. 그 길을 걷기 시작했을 때부터 조금씩이라도 돈이 모인다면 '부자가 되는 길이 분명하다'라는 확신이 생깁니다.

따라서 행복해지는 길도 행복해야 합니다.

1월 30일 — 풍작일 때도 흉작일 때도

불교가 추구하는 기본 사상은 '어떤 때라도 행복해야 한다'입니다.

밭을 갈 때, 물을 줄 때, 비료를 줄 때, 잡초를 뽑을 때, 자라는 것을 지켜볼 때, 열매를 맺어 작물을 수확할 때 등 모든 과정이 행복해야 합니다.

만약 흉작일지라도 그 경험을 통해 마음이 단단해졌다면 이 또한 행복입니다.

매사 객관적으로 판단할 줄 아는 사람은 불행에 빠질 일이 없습니다.

1월 31일   갈 때도 즐겁고 돌아올 때도 즐거운 길

불교는 갈 때도 즐겁고 돌아올 때도 즐겁습니다. 돌아온 뒤에도 즐겁습니다.
불교란 그런 길입니다.
불교는 조금이라도 우리에게 고통을 주는 행위는 권하지 않습니다.

2월

세상만사에 부딪혀도
마음이 흔들리지 아니하고
근심이 없고 티끌이 없으며 안온한 것,
이것이야말로 더할 나위 없는 축복이니라.

소부경전 『길상경』 중

2월 1일   다툼의 소용돌이 속으로 뛰어들지 않을 것

아무리 내가 옳고 상대가 틀렸어도 화를 내선 안 됩니다. 남을 화나게 하지 맙시다.
어떤 말을 들어도, 어떤 일을 당해도 내 마음에 분노의 불을 붙이지 않아야 합니다.
누군가가 나를 욕한다면 '아, 이 사람 지금 화났구나', "죽여 버릴 거야"라는 소리를 들었다면 '이 사람은 독기로 가득해. 옮지 않도록 조심하자'—이렇게 생각하면 그만입니다.
굳이 다툼의 소용돌이 속으로 뛰어드는 건 어리석은 행동입니다.

2월 2일   내가 대단하다는 착각

자존심은 바꿔 말하면 '자아'입니다. '자아'란 '내가 여기에 있다', '나는 대단하다'라고 스스로 느끼는 것을 말합니다.

이 '자아'가 주변 사람들에게 '배우자', '자식', '부하' 등 다양한 역할을 부여하며 그대로 행동할 것을 요구합니다. 내가 요구한 대로 상대방이 행동하지 않으면 화를 내기도 합니다.

마치 내가 감독이라도 된 듯 온 세상이 내 뜻대로 움직이길 바랍니다.

그러나 이 세상은 결코 내 뜻대로 움직여 즈지 않습니다.

2월 3일 내가 먼저 파괴된다

화를 내면 파괴하는 에너지가 생깁니다.

그 에너지로 남을 파괴하려 합니다.

파괴 행위로 내달리려면 분노의 에너지가 충분히 쌓여야 합니다. 에너지가 쌓이면 남을 파괴하기 전에 자폭하게 됩니다.

따라서 남에게 화를 내면 나 자신이 먼저 파괴됩니다.

2월 4일 인간은 화 중독

화를 내면 몸 안에 불이 생깁니다. 그러고는 자신을 태우기 시작합니다. 이는 독을 삼키는 행위와도 같습니다. 행복한 인생을 망치는 맹독은 화입니다.

짜증 나게 구는 사람에게 화내고, 일이 내 마음대로 되지 않는다며 화내고, 동료에게 화내고, 심지어는 비와 바람에도 화를 냅니다.

인간은 화 중독입니다. 신나서 화내는 것처럼 보이기도 합니다.

행복하게 살고 싶다면 화는 맹독이라는 사실을 명심합시다.

2월 5일 분노 섞인 마음으로 식사하는 것은 어리석은 일

'나는 채식주의자라서 고기는 절대 안 먹어'—이런 식으로 고집부리면 오히려 강한 스트레스로 작용합니다. 게다가 고기나 생선을 먹는 사람을 경멸하는 마음이 생기고 맙니다.
이는 '나는 옳고 너는 그르다'라는 '분노의 마음'입니다. 최고로 질 좋은 식품을 섭취해도 독으로 바꿔 버리는 어리석은 마음입니다.

2월 6일 — 그 순간 깨달으면

모든 일에는 '그것을 하는 순간'이 있습니다. 나쁜 일을 할 때도, 화를 낼 때도 '그 순간'이 있습니다.

중요한 것은 '그 순간에 깨닫는 것'입니다.

순간의 감정은 깨달은 순간에 끝납니다. 깨달은 그 순간, 문제는 종료됩니다.

나중에 가서 결과가 나빠지지 않습니다.

2월 7일 빨리 깨달아야 이득

마음에 분노의 감정이 스며들었을 때 그 순간에 깨닫지 못하면 바이러스처럼 순식간에 퍼지고 맙니다. 화는 폭발할 때까지 증폭합니다.

자신의 감정을 극복하고 싶을 때 '선착순' 법칙을 적용할 수 있습니다.

분노, 증오, 질투와 같은 감정은 생겨난 즉시 깨달으면 더 이상 커지지 않고 거기서 사라집니다.

빨리 깨달아야 이득입니다. 내버려두면 손쓸 수 없을 정도로 커집니다.

2월 8일 흔들리지 않는 마음

자유로운 마음이란 어떤 일이 있어도 흔들리지 않는 평정한 마음을 말합니다.

마음이 평정한 사람은 반론에 부딪히거나 비난받아도 감정적으로 행동하지 않습니다.

감정적으로 행동한다는 것은 이미 '졌음'을 의미합니다.

2월 9일

자신에게 불길이 번지지 않도록 몸을 지킬 것

화가 난 사람은 화의 불길 속에서 타고 있습니다. 그 화를 되받아치면 그 사람의 불길이 나에게 옮겨 와 계속 타게 됩니다.

불길이 나에게 번지지 않도록 몸을 지켜야 합니다. 상대방이 화를 내더라도 나는 화내지 않도록 합시다.

2월 10일   우울해지는 것도 위험한 분노

남이 나에게 화를 내면 우울해질 때가 있습니다. 그러면 끝없이 고민하다가 더 우울해지기도 하고 몸과 마음이 내 뜻대로 안 될 때도 있습니다.

나는 당한 입장이라 화가 나지 않은 듯 보여도 사실 화가 많이 난 상태입니다.

우울해지는 것도 공격적으로 맞서는 것 못지않게 매우 위험한 분노의 표출이라 할 수 있습니다.

2월 11일 자기 에너지로 태워 버릴 것

우울해지는 분노 표출법은 자기 파괴적입니다. 행복 에너지를 없애 버리기 때문입니다.

남이 나에게 한 번만 화내도 내 마음속에서 그 일을 반복하며, 가라앉은 분노를 다시 불태울 수 있습니다.

이는 마치 성냥 한 개비로 건물 한 채를 태우는 것과도 같습니다.

건물은 자기 에너지로 계속 탈 수 있습니다. 성냥 한 개비는 계기에 불과합니다.

2월 12일

남이 나에게 분노의 불씨를 내던진다면

다른 사람이 나에게 화를 내는 것은 분노의 불씨를 내던지는 것을 의미합니다.
그 불씨가 계기가 되어 내 안의 연료로 내 자신을 태워버릴 때가 있습니다.
성냥 한 개비로 건물 전체가 탈 수 있는 것도 건물 자체가 연료이기 때문입니다.
그러니 다른 사람이 화를 낸다고 해서 되받아치지 말도록 합시다.

2월 13일 싫은 사람과 함께하려면

성격이 나쁘고 나와 결이 맞지 않는 사람과 함께 있으면 괴롭습니다. 그 사람의 싫은 부분이 계속 신경 쓰이기에 답답하고 짜증이 납니다.

어느 정도 시간이 흐르면 걷잡을 수 없을 만큼 분노에 불타오르게 됩니다.

이런 경우, 매일 조금씩 나 자신에게 분노의 불을 붙여 온 셈입니다.

따라서 그 불이 번지기 전에 상대방과 사이좋게 지내거나 잊어야 합니다.

2월 14일   원망을 품으면 꼭두각시가 된다

상대방과의 싸움에서 이기고 싶다면 화를 버려야 합니다.

'감히 나한테 이렇게 해?'라며 원망을 품으면 그 사람의 꼭두각시가 되고 맙니다.

아무리 그 사람이 나쁘게 행동했더라도 지금 당신은 그 사람에게 화가 나서 괴로운 상태입니다.

따라서 이미 그 사람에게 진 거나 다름없습니다.

2월 15일　　싸움에서 이기고 싶다면

싸움에서 이기고 싶다면 상대방이 무슨 말을 하든 어떻게 행동하든, 아무렇지 않게 방긋방긋 웃어넘길 줄 알아야 합니다. 이게 가능하면 이길 수 있습니다.

상대방이 어떻게 하든 화는 떨쳐 버리고 마음을 고요하고 평안하게 만들어 봅시다.

그러려면 내 마음이 어떤 상태인지 알아야 합니다. 그러면 분노의 불씨가 나타나기 전에 처리할 수 있습니다.

2월 16일   화를 낸 순간
패배 확정

화를 내는 건 멋없는 행동입니다.

이유 불문하고 화를 내면 패자가 됩니다.

인생을 살아가며 지고 싶은 사람은 한 명도 없습니다.

매번 이기고 앞으로 나아가고 싶다면 어떤 상황에서도 화를 내지 말아야 합니다.

화를 낸 순간, 스스로 패배했음을 인정하는 것입니다.

2월 17일   강한 사람은 화내지 않는다

우리가 살아가는 환경은 친절한 때보다 불친절한 때가 더 많습니다. 무릇 일이 잘 풀릴 때보다 잘 풀리지 않을 때가 많은 법입니다.

그럴 때 약한 사람은 화를 냅니다.

강한 사람은 잘 풀리지 않는 게 당연하다며 평정심을 잃지 않습니다.

강한 사람은 화내지 않습니다.

2월 18일   내가 먼저 상처받는다

아무리 악인이라도 그에게 화내고 공격한다면 나 자신도 괜한 죄를 짓는 셈입니다. 그리고 그 결과 불행해집니다.

악행을 저지르는 건 그 사람이지 내가 아닙니다. 그 악행에 화를 내고 공격하면 나 자신에게도 화가 옮겨 와 나 또한 악인이 되고 맙니다.

그 사람에게 오물이나 탄화를 투척하려 다음먹으면 내가 먼저 그 오물에 더러워지고 화상을 입게 됩니다.

그 사람은 몸을 살짝 피하면 오물을 맞지 않겠지만, 오물을 집어 던진 내 손은 더러워지는 것을 막을 수 없습니다.

2월 19일 화내는 자는 어리석은 사람이다

우리는 상처를 입으면 '복수할 거야. 어디 한번 당해 보시지'라며 마음이 화로 가득 찹니다.

내가 화를 낸다고 상대방이 무조건 타격을 받는 것은 아닙니다.

그런데 딱 한 가지는 분명합니다. 바로 그 화로 인하여 나 자신은 불행해진다는 사실입니다.

상황이 어떠한들 화내는 자는 어리석은 사람이며 인생의 패배자입니다.

2월 20일 마음을 다스리면 안락함이 찾아온다

우리는 순식간에 화내고 순식간에 웃습니다. 마음이라는 것은 너무도 빠르게 움직입니다.

그 움직임은 너무 빨라 알아차리기가 매우 어렵습니다.

그래서 화가 나도 그 사실을 바로 깨닫지 못합니다. 이미 걷잡을 수 없게 되었을 때 비로소 무모한 짓을 했음을 깨닫습니다.

마음의 움직임을 깨닫는 것은 마음을 다스리는 것과도 같습니다.

부처님은 '마음을 다스리면 안락함이 찾아온다'라고 말씀하셨습니다.

2월 21일 마음을 구체적이고 명확하게 파악하기

화가 났을 때 마음속을 아무리 헤집어 봐도 화는 보이지 않습니다.

그런데 갑자기 호흡이 거칠어지거나 표정이 굳고 어깨에 힘이 들어가는 등 우리 몸에서 그 화를 찾아볼 수 있습니다. 따라서 마음의 움직임을 알아차리려면 몸에서 일어나는 변화를 제대로 파악해야 합니다.

내 몸의 움직임, 호흡, 걸음걸이, 그리고 감정의 움직임 등 구체적인 변화에서 마음을 파악할 수 있습니다.

지금 이 순간 일어난 마음의 움직임을 파악했을 때 비로소 마음을 다스릴 수 있습니다.

2월 22일　'일단정지'로 마음 키우기

마음을 키우려면 '일단정지'가 필요합니다.
무언가를 말하기 전에 '내가 말하고 싶은 게 무엇인지' 잠시 멈추고 자신을 살펴봅시다.
그러고 나서 어떤 순서로 말하면 좋을지 순서를 정하고 말합니다.
행동할 때도 아무 생각 없이 바로 몸을 움직이지 말고 일단 멈춘 뒤에 순서대로 행동해야 합니다.
일단 멈추면 순식간에 북받쳐 올라 범람할 지경에 이르던 감정이 진정됩니다. 이것이 바로 마음을 다스리는 길입니다.

2월 23일 남의 심기를 불편하게 만들지 않기

마음 편히 있고 싶은 것은 모든 생명체가 가진 공통된 바람입니다.
따라서 주위 사람들의 심기를 불편하게 만들지 말아야 합니다.
화가 난 사람에게 그 화를 똑같이 되돌려주지 맙시다.
대신 그 사람의 마음을 풀어 줍시다.
심기가 불편한 사람이 있다면 "그럴 수도 있더라고요…" 하며 최대한 기분을 누그러뜨려 줍시다.

2월 24일   불길 잡는다며
           오히려 기름을 붓다

우리 마음속에서 타오르고 있는 불은 '탐·진·치(貪瞋癡. 집착과 분노, 무지를 뜻하며 불교에서 깨달음을 방해하는 세 가지 독을 말한다 - 옮긴이)'라는 번뇌입니다.

집착(탐)을 채우면 집착의 불길이 사라진다고 생각하지만 사실 기름을 붓는 셈입니다.

분노(진)를 분노로 갚으면 분노의 불길에 기름을 더 붓게 됩니다.

무지(치)한 데다 왜곡된 생각까지 하면 무지의 불꽃에 기름을 붓는 것과 같습니다.

이렇게 살면 인간은 결코 삶의 고통을 없애지 못합니다.

2월 25일 무의식 속 마음은 더럽혀져 있다

우리는 평소 자신이 어떤 상태인지 거의 알아차리지 못합니다.

행위 대부분이 무의식 속에서 이루어집니다. 행동과 생각이 따로 놉니다.

걸을 땐 걷는다는 사실을 깨닫지 못한 채 다른 생각을 합니다. 식사할 때도, 책을 읽을 때도, 이야기할 때도 마찬가지입니다.

무의식 속의 마음은 늘 '탐·진·치'로 더럽혀져 있습니다. 그래서 무의식 속에서 하는 행동은 문제의 발단이 될 때가 많습니다.

2월 26일 마음의 속삭임에 귀 기울이지 않기

마음은 게으름덩어리입니다.

마음의 충동과 에너지는 '탐·진·치'입니다. 이는 정진의 반대입니다.

마음은 '어떻게 게으름을 피울까'라는 생각밖에 못 합니다.

그러나 이러한 게으른 마음으로만 있다가는 아무것도 얻을 수 없습니다. 퇴화할 뿐입니다.

마음은 그 사실을 알고 있으면서 무시합니다. 그래서 너무도 쉽게 퇴화하는 길로 향하고 맙니다.

마음을 키우고 싶다면 마음의 속삭임에 귀를 기울이지 않는 편이 낫습니다. 그래야 안전합니다.

2월 27일   마음을 키우는
           방법은 어릴 적부터
           배운다

아이에게는 하나부터 열까지 다 가르쳐 줘야 합니다.
아이가 자기 마음대로 하고 싶어 하는 일 대부분은 위험합니다.
그래서 어엿한 어른이 될 때까지 매사 인내심을 가지고 정성스럽게 가르쳐야 합니다.
아이가 성장하는 과정은 바로 마음이 성장하는 과정입니다.
어른이 된 우리도 내 마음을 성장시킬 때는 인내심을 가지고 느긋하며 담담한 태도로 임해야 합니다.

2월 28일 화는 두 배, 세 배로 커진다

화가 나면 마음속에서 불이 붙고 점점 타오릅니다.

어떤 사람이 나의 무언가가 마음에 들지 않아 화를 냈다고 칩시다.

내가 똑같이 화를 내면 상대방은 "감히 화를 내?" 하며 화를 증폭시킵니다.

그리고 내가 응수하여 또 화를 내면 상대방은 노발대발할 것입니다.

이처럼 화는 한번 내면 두 배가 되고, 네 배가 되며, 여덟 배까지... 걷잡을 수 없을 정도로 커집니다.

2월 29일   작은 화가 불타오른다

성냥불이 나무로 번지더니 머지않아 산까지 태워 버리는 경우가 있습니다.
아무리 작은 불꽃이라도 타고 또 타다 보면 걷잡을 수 없을 만큼 커집니다.
두 사람에게서 시작한 싸움의 분노가 불꽃을 점점 키우더니 나라와 나라 간 전쟁으로까지 번지는 일도 있습니다.
한 나라의 정치를 책임지는 사람이 분노에 휩싸여 있다가는 전쟁을 일으킬 수도 있습니다.
세계사를 보면 그런 어리석은 사례가 꽤 많습니다.

3월

이 법(부처의 가르침)은 욕심이 적은 이를 위한 것이지,
욕심이 많은 이를 위한 것이 아니다.
이 법(부처의 가르침)은 만족할 줄 아는 이를 위한 것이지,
만족할 줄 모르는 이를 위한 것이 아니다.

증지부경전 4집 『아나율경』 중

3월 1일   정말 필요한 물건인지

물건을 버리지 못하는 사람이 있습니다.

어떤 물건이든 일단 '짐'이라 여깁시다. 인간은 짐을 모으는 청소차와 같습니다. 짐은 끊임없이 늘어 갑니다. 충동적으로 물건을 사들이거나 모으면 점점 늘어납니다. 확실한 목적이 없는 물건이기에 쓰지도 않고, 그렇다고 버리지도 못합니다.

'정말 필요한 물건'인지, '없으면 안 되는 물건'인지 분명한 기준을 세우고 살지 말지를 선택해야 합니다.

3월 2일   버릴 때는 시원하게

물건을 버릴 때는 시원하게 버립시다.

아깝고 죄짓는 듯한 마음도 들겠지만 '하 방이다!'라는 마음으로 시원하게 버립시다.

3월 3일　　물질에 집착하는 사람은 나약한 사람

"이거 사야 해, 저것도 필요해", "이게 부족해, 저것도 부족해"라는 말을 입에 달고 사는 사람은 자신이 아닌 물질에 의존하여 사는 사람입니다.

필요 이상으로 물질에 집착한다면 이는 자아가 제대로 형성되어 있지 않음을 의미합니다.

비싼 물건을 자랑하고 싶어 하는 이유는 물질에 의존적이고 멘탈이 약하기 때문입니다.

그런 사람은 별것 아닌 일에 쉽게 흔들리며 고민하고 괴로워합니다. 멘탈이 약해 위태로운 사람입니다.

3월 4일   새들은 자기 날개만 가지고 간다

무소유의 삶은 훌륭합니다. 가진 게 없어도 행복할 줄 아는 사람이 이상적인 사람입니다.

부처님이 비구들에게 말씀하셨습니다.

"새들은 어디에 가든 자기 날개만 가지고 간다네. 다른 짐은 하나도 없지. 그런데도 어디에서든 부족함이 없다네. 그러니 비구 자네들도 삼의일발(三衣一鉢. 옷 세 벌과 밥그릇 한 개라는 뜻으로, 불교에서 출가자가 소유할 수 있는 최소한의 것을 말한다-옮긴이)로 충분하다네."

무소유의 삶은 어디에서든 자유롭고 무엇 하나 부족한 것이 없습니다.

3월 5일 오늘 죽어도 괜찮은가

사람은 반드시 죽습니다.

그리고 언제 죽을지 모릅니다.

오늘이 될 수도 있고 내일이 될 수도 있습니다.

'오늘 죽어도 괜찮은가'라는 마음으로 생활하다 보면 내 삶이 평화로워집니다.

'당장 죽을지도 모른다'라고 생각하면 소유에 집착하거나 남과 경쟁하려는 마음이 사라집니다.

3월 6일 정말 필요한 것은 손에 들어온다

관념적으로 단순히 갖고 싶은 것이 아니라 정말 필요한 것이라면 어렵지 않게 내 손에 들어옵니다.

정말 필요한 것은 스스로 얻을 수 있는 능력이 갖춰져 있기 때문입니다.

딱히 필요도 없는데 괜히 갖고 싶다는 마음만으로는 아무리 애를 써도 마음대로 되지 않습니다

분명히 필요한 것이라면 노력해서 손에 넣을 수 있습니다.

초조해하지 않아도 됩니다.

3월 7일 '얻는 길'이 아닌 '버리는 길'

불교에서는 '얻는 길'이 아니라 '버리는 길'을 가르칩니다.
버리는 인생을 선택하면 몸과 마음이 가벼워지고 평안함이 유지됩니다.
'얻는 길'은 의존성을 증폭시켜 자유로워질 수 없는 길입니다.
'버리는 길'은 자유를 얻는 길입니다.

3월 8일

새는 하늘에 발자국을 남기지 않는다

깨달음을 얻은 사람은 세상만사 덧없음을 절실히 느끼며 살아갑니다.

그래서 아무것도 소유하려 하지 않습니다. 마음에 그 어떤 불안도 없습니다.

음식도 몸을 유지하는 데 필요한 양만 섭취합니다.

새가 하늘에 발자국을 남기지 않는 것처럼, 깨달음을 얻은 사람이 지나간 길에는 흔적이 남지 않습니다.

3월 9일   짐수레를 끌고 가는 듯한 인생

우리 인생은 짐수레를 끌고 가는 것과 같습니다.
짐수레에 놓인 짐은 일과 가족, 살아가는 무게입니다.
짐 무게는 똑같은데 숨을 헐떡이며 힘겹게 수레를 끄는 사람도 있고, 너무도 편안하게 끌고 가는 사람도 있습니다.
이 차이는 마음속의 집착 유무에 따라 생겨납니다.

3월 10일   그림자가 몸 뒤를 따라오는 듯한 가벼운 삶

짐수레를 힘겹게 끌고 가는 사람과 편안하게 끌고 가는 사람의 차이는 집착 여부입니다.

집착이 심하면 거대하고 무거운 짐수레를 끌고 가는 듯한 인생을 살게 됩니다.

집착이 적은 사람은 직장이든 가정이든, 어디에서도 삶이 무겁다고 느끼지 않습니다.

마치 그림자가 몸 뒤를 따라오는 듯한 가벼운 삶을 살게 됩니다.

3월 11일 궁극적인 즐거움을 얻는 길

불교에서는 '버리는 길'을 가르칩니다.
이 말을 듣고 '불교를 실천하면 삶에서 즐거움을 잃게 될 거야'라고 생각하는 분이 있을지도 모릅니다.
그러나 불교의 실천은 즐거움을 얻기 위해 존재합니다.
버리지 못하고 집착하는 사람은 괴롭습니다.
집착을 버린 사람은 궁극적인 즐거움을 얻었다고 할 수 있습니다.

3월 12일   욕구 구체화하기

우리가 괴로운 이유는 욕심이 많기 때문입니다. 우리는 탐욕에 끊임없이 휘둘립니다.

불교에서는 '소욕지족(少欲知足)'을 주장합니다. 적은 것으로 만족을 알라는 뜻입니다.

이를 실천하려면 어떻게 하면 좋을까요? 먼저 이 무한한 욕심을 구체적인 욕구로 정리해 봅시다.

예를 들어 아무리 돈이 많아도 침대는 하나면 충분합니다. 식사 때 밥도 한 공기, 많아야 두 공기입니다.

구체적인 욕구로 정리하다 보면 우리 인간에게 필요한 물질은 저절로 정해집니다.

3월 13일   계속 활활 타오르는 불길

우리는 '이거 갖고 싶어, 저것도 필요해', '아직 부족해'라며 소유에 대한 집착에서 벗어나지 못합니다.

욕심을 채웠다 싶다가도 또 다른 탐욕이 생겨납니다.

인간의 욕심이란 영원히 채워지지 않습니다.

마치 계속 활활 타오르는 불길과도 같습니다. 욕심을 채우고자 하는 행위는 활활 타오르는 마음에 기름을 붓는 것과 마찬가지입니다.

3월 14일 현세이익은 고통에 이르는 길

부처님은 이 세상은 '현세이익(現世利益. 현세에서 재난이 없으며 부유하고 오래 사는 등 현실적인 행복을 얻는 것 - 옮긴이)에 도달하는 길'이며, 이는 '고통의 길'이라고 말씀하셨습니다.

부처님이 제시하신 길은 '현세이익에 도달하는 길'이 아니라 '열반(영원한 안식)에 오르는 길'입니다.

이익을 좇는 삶을 살고 있다면 영원히 다음의 평안을 얻을 수 없습니다. 좇으면 좇을수록 안식과 멀어집니다.

부처님은 소유에 의존하지 않는 삶을 제시하셨습니다. 그것이 바로 '안식에 이르는 길'입니다.

3월 15일   종에게 부려 먹히는 주인

많은 사람이 '나는 자식이 있어', '재산이 많아', '명예가 있어', '지위가 높아'라며 으스댑니다.
그런데 잘 생각해 보세요.
그들은 '내 것'이라고 생각하는 그 존재들에 실은 지배당하고 있습니다. 자유를 빼앗겼다는 말입니다.
자식의 노예, 재산의 노예, 명예와 지위의 노예입니다.
마치 주인이 종에게 부려 먹히는 것이나 마찬가지입니다.

3월 16일   몸의 노예,
마음의 노예

몸과 마음은 내 생각대로 움직여 주지 않습니다.
몸은 '이렇게 해, 저렇게 해'라며 나에게 명령합니다.
그러면 나는 몸의 노예가 되어 명령에 따라야 합니다.
마음도 명령합니다. 절대 화내지 말자고 마음먹어도 화가 날 땐 어쩔 수 없습니다. 고민하지 말자고 결심해도 고민의 늪에 빠지고 맙니다. 좋게 마음을 먹으려고 해도 짜증이 나는 건 막을 수 없습니다. 그래서 어쩔 수 없이 노예처럼 마음의 명령을 따르게 됩니다.
사람은 몸의 노예이자 마음의 노예입니다. 그래서 괴롭습니다.

3월 17일　　이욕에 도전하기

완벽하게 승리를 거두는 길은 '무언가를 얻는 길'이 아니라 '물질에서 멀어지는 길'입니다. '이욕(離欲. 욕망에서 멀어진다는 뜻으로 해탈 직전의 단계를 말한다 - 옮긴이)'의 길에는 완성이 있습니다.

진정으로 마음을 채우려면 물질은 필요하지 않습니다. 부족해서 채우려는 것이 아니라, 물질이 필요 없다는 것으로 마음을 채울 수 있는 길이 있습니다.

물질에서 멀어지는 것, 즉 이욕으로부터 평안함이 생겨납니다.

이욕에 도전하는 것이 최고의 도전입니다.

3월 18일　　　　의존증 보균자

우리는 모두 모종의 '의존증'을 앓고 있습니다. 지금 당장은 의존증이 아니더라도 머지않아 의존증에 걸릴 수도 있습니다. 우리는 이른바 의존증 보균자인 셈입니다.

3월 19일 인생의 톱니바퀴

우리는 술, 돈, 일, 도박, 수다, 텔레비전 등 수많은 것에 중독됩니다.

술이나 도박에 중독되면 안 된다는 사실은 누구나 알고 있습니다. 그런데 자신도 모르게 명품이나 건강식품, 독서, 인터넷 등에 중독되어 있는지도 모릅니다.

그 대상이 무엇이든 무언가에 중독되면 원래 해야 할 일이 뒷전으로 밀립니다. 지금 당장 해야 할 일을 정하지 못하고 우왕좌왕합니다.

즉 인생의 톱니바퀴가 어긋나게 됩니다.

3월 20일   좋은 일도 중독되면

술이나 도박에 중독되는 것은 당연히 바람직하지 않습니다. 하지만 '좋은 일'에 중독될 때도 있는데, 이는 어떻게 바라봐야 할까요?

예를 들어 봉사활동이나 평화운동, 지역활동 등은 좋은 일이라 할 수 있습니다.

그러나 아무리 좋은 일이라고 해도 과하게 빠지면 역시나 자기중심을 잃게 됩니다.

좋은 일도 중독되면 결국 좋지 못한 결과를 얻습니다.

3월 21일 목숨 걸고 하겠습니다

매사 "목숨 걸고 하겠습니다", "죽을힘을 다하겠습니다"라고 말하는 사람이 있습니다.
그런 사람에게 묻고 싶습니다.
당신은 그 일에 그만큼 빠져 있나요?
목숨을 걸어도 될 만큼 진정 가치 있는 일인가요?
자신의 의존증을 속여서는 안 됩니다.

3월 22일 중독된 것을 모르면

중독된 것을 스스로 아는 것과 모르는 것에는 큰 차이가 있습니다.

의존증에 빠졌음을 확실히 인지하고 있으면, 도를 지나칠 일이 없으며 문제도 일으키지 않습니다.

중독 상태임을 인지하지 못하는 사람은 점점 더 심한 의존증에 빠지게 됩니다.

3월 23일   중독이 나쁜 이유

중독은 왜 나쁠까요?

중독이란 스스로 완전히 끊을 수 없는 것을 말합니다. 실은 삶 자체가 중독입니다. 그래서 우리는 중독으로부터 절대 벗어날 수 없습니다.

무서운 점은 중독을 인지하지 못하면 점점 심각해져 매우 위험한 상태에 이른다는 사실입니다.

살아 있는 동안 중독으로부터 완전히 벗어날 수는 없지만, 중독 상태임은 인지해야 합니다.

3월 24일　　　　적정량 알기

기쁨과 즐거움을 얻기 위해 책을 읽는다그 인지하면, 독서 적정량을 지키며 즐겁게 책을 읽을 수 있습니다.

식음을 전폐하며 책더미 속에서 헤어나지 못하는 책 중독에 빠질 일이 없습니다. 궁금증이 해소되면 책을 덮습니다.

몸을 유지하기 위해 먹는다고 인지하는 사람은 적정량의 영양분을 섭취하면 거기서 더 먹지 않습니다.

의존증임을 인지하면 제한량과 적정량을 알 수 있습니다.

3월 25일　　　　무엇에도 의존하지 않는 삶

버린다는 것은 그 무엇에도 의존하지 않는 것을 말합니다.
단순히 물질에만 집착하지 않는 것이 아닙니다.
하느님과 부처님은 그 무엇에도 의존하지 않는 삶을 사셨습니다.
그것이 진정한 자유입니다.

3월 26일   공부만 하다가는 머리가 나빠진다

열심히 공부하면 보통 머리가 좋아진다고 생각하겠지만 머리가 나빠질 수도 있습니다.

이 세상에서는 공부라는 명목하에, 뚜렷한 '목적'도 없이 정보와 지식만 무턱대고 주입합니다. 머릿속은 제대로 이해한 것 하나 없는, 딱히 도움 되지 않는 지식으로 가득합니다. 하지만 '아무것도 모른다'라고 하기도 모호합니다. 실은 정확히는 모르는데 이런 지식 때문에 '안다'라고 착각하고 마는 것입니다.

어지럽게 쌓인 지식은 실제로는 도움이 되지 않으며, 오히려 불필요한 지식으로 인해 명확하게 볼 수 없게 됩니다.

3월 27일 부처님이 걸어오신 길은 모범이 된다

부처님은 우리의 위대한 스승이자 자비를 베푸신 어머니와도 같은 존재입니다. 부처님이 걸어오신 길은 우리 삶의 모범이 됩니다.

부처님은 결코 닿을 수 없는 존재가 아닙니다. 인간으로 태어나 인격 완성의 경지에 오른 사람입니다. 아무리 큰 고통에 대해서도 부처님은 훌륭한 해답을 주셨습니다.

부처님께 예배하는 것은, 부처라는 인격을 존경하고 삶의 태도를 배우며 가르침을 실천하기 위함입니다. 부처님을 염원함으로써 힘이 되고 자신을 높일 수 있기 때문입니다.

3월 28일 여래의 뜻

여래(如來)는 팔리어로 '타타가타(Tathāgata)'입니다. '타타가타'에는 두 가지 뜻이 있습니다.

첫 번째 뜻은 '진리에 이른 사람'입니다.

두 번째 뜻은 '진리에서 온 사람'입니다.

그리고 부처님 스스로 '타타가타'에 대해 다음과 같은 정의를 내리셨습니다.

자신이 남에게 가르치는 모든 것은 스스로 수행하고 있거나, 수행한 것이어야 한다고 말씀하셨습니다.

'말하는 대로 수행하다'와 '수행하는 대로 말하다', 이것이 바로 '타타가타'입니다.

3월 29일

부처는 구원자가 아니라 '인간의 스승'이다

대중불교에는 대일여래(우주의 진리를 상징하는 중심 부처 - 옮긴이), 아미타여래(무한한 자비와 광명, 수명을 상징한다 - 옮긴이), 지장보살(자신의 성불을 미루고 중생의 해탈을 위해 헌신하는 존재 - 옮긴이), 관세음보살(중생의 근기에 맞는 모습으로 나타나 대자비심을 베푸는 보살 - 옮긴이) 등 여래와 보살이 수없이 많습니다. 이들은 초인적인 힘을 가지고 중생을 구원하기로 약속한 '구원자'입니다. 우리는 이들 부처님을 늘 믿고 의지할 수밖에 없습니다.

그러나 처음 불교를 만드신 부처님(석가모니)은 경배의 대상이 아니라 본받아야 할 인격 완성자입니다. 45년간 바른 삶의 방식을 설파한 부처님은 인간의 스승입니다. 우리는 부처님으로부터 배워야 합니다.

3월 30일 고통에서 바로 벗어나는 설법

부처님의 설법에는 사람들이 그 자리에서 바로 고통에서 벗어날 정도로 강력한 힘이 있었습니다. 부처님은 번뇌와 고통에 관하여 설명하시고, 번뇌 그 자체를 없앨 수 있는 실천법을 제시하셨습니다.

그래서 그 자리에 있던 사람은 말씀을 듣고 즉시 행복해졌습니다. 큰 부자여서 매우 여유롭게 살던 사람이 산책하던 중에 부처님을 우연히 만나 설법을 듣고는, 집으로 돌아가지 않고 그 길로 출가한 적도 있을 정도였습니다.

부처님의 가르침은 늘 구체적이고 현실적으로 고통을 없애 주는 가르침입니다. 사후의 천국을 약속하는 것에서 그치는 가르침이 아닙니다.

3월 31일　　상대방에게 판단을 맡기다

부처님의 설법은 '그렇게 하면 이러한 이유로 좋지 않으며 나쁜 결과가 나온다. 이렇게 하면 이런 이유로 좋은 결과가 나온다'라며 어디까지나 설명하고 제시하실 뿐입니다.

'법칙, 진리'를 제시하고 '어찌 생각하는가?'라며 상대에게 판단을 맡깁니다.

그러면 상대는 본인의 의지로 '한번 해 보자'라고 결심한 뒤 실행에 옮깁니다.

부처님은 절대 강요하지 않습니다. 판단은 부처님의 말씀을 들은 본인이 합니다. 불교인은 모두 자유로운 인간입니다.

4월

인색한 자는 천계에 갈 수 없다.
어리석은 자는 보시를 칭찬하지 않는다.
그러나 현명한 자는 보시를 기꺼이 반기며,
그로써 그는 내세에 편안해진다.

소부경전 『법구경』 177

4월 1일

바퀴벌레에게도 당당히 살아갈 권리가 있다

바퀴벌레든 개미든 당당하게 살아갈 권리가 있습니다. 우리는 그 권리를 빼앗을 수 없습니다.

다른 것의 권리를 빼앗으면 내 권리도 사라집니다.

그러나 우리 인간은 돌이나 흙은 먹을 수 없습니다. 다른 생물체의 목숨을 빼앗지 않으면 살아갈 수 없습니다. 우리가 살아가는 것은 다른 생명을 빼앗고 있기에 가능합니다. 살아간다는 것은 사실 그다지 훌륭한 일이 아니라고 생각하는 편이 나을지도 모릅니다. 오히려 무서운 행위라는 사실을 깨달아야 합니다.

4월 2일   도움이 된다는 말은

사람은 모름지기 다른 사람과 관계를 맺고 살아갑니다. 삶에서 관계성은 매우 중요합니다.

그 관계성 속에서 우리는 뭐라도 도움이 되어야 합니다. 도움이 되어야 한다고 해서 대단한 일을 하라는 것이 아닙니다.

상대에게 커피 한 잔 타 주고, 살며시 미소 짓고, 똑바로 인사하고... 이렇게 소소한 일들을 말합니다.

그렇게 함으로써 타인의 마음을 편안하게 하고 기분 좋게 하는 것, 이것이 바로 '도움이 된다'는 말의 의미입니다.

4월 3일 보시란 무엇인가

도움이 된다는 것은 생명을 지탱하는 것, 남에게 기쁨을 주는 행위입니다.

생명은 남이 지탱해 주어야 비로소 존재합니다. 살아간다는 것은 세상 만물이 지탱해 주고 있다는 말입니다. 즉 '보시'를 받는다는 뜻입니다.

그래서 크나큰 보시를 받으며 살아가고 있는 우리는 남에게 도움이 되는 보시를 해야 합니다.

예를 들어 공원 바닥에 버려진 빈 캔을 줍거나 공공질서를 지키는 등, 이렇게 소소한 일을 하면 남에게 도움이 됩니다.

4월 4일   한 사람의 행동이 전체에 영향을 미친다

한 사람의 행동이 전체에 영향을 미칩니다. 이는 온 세상에 해당하는 일입니다.

한 사람이 공부하고 인사하고 미소 지으면 우리 사회 전체의 조화가 유지됩니다.

나 한 사람의 행동이 매우 중요한 가치를 갖는다는 사실을 깨달으면 의욕이 생길 것입니다.

4월 5일　　우리는 보시 덕에 살아가고 있다

우리는 대자연과 다른 생명으로부터 크나큰 보시(은혜)를 받으며 살아가고 있습니다.

그런데 일방적으로 받기만 하고 갚으려는 마음은 없는 듯합니다.

그러면 우리는 빚더미를 끌어안고 살아가야 합니다.

다중채무에 허덕이다 결국 불행해집니다.

소소하게라도 괜찮으니 대자연과 다른 생명에게 뭐라도 되돌려줍시다.

가능한 범위에서 조금이라도 빚을 줄여 봅시다.

4월 6일 남의 신세를 지고
남에게 도움이 되다

우리는 남과 서로 돕기에 살아갈 수 있습니다. '피차일반'인 셈이지요.

살아간다는 것이란 남의 신세를 지고 자신도 남에게 도움이 되는 것입니다.

그 점을 분명히 알고 있다면 성공할 수 있습니다.

4월 7일   행복은
         안전한 삶의 방식

하는 일마다 잘 풀려서 행복한 사람은 남에게 위해를 가하거나 폐를 끼치지 않습니다. 이런 사람은 기쁨을 느끼며 좋은 일을 합니다.

그래서 주위로부터 좋은 반응을 얻습니다. 그러면 더 좋은 일을 하고 싶어집니다.

이처럼 삶에서 만족감을 느끼는 사람은 주위에도 행복한 기운을 나눠 주며 안전하게 살아갈 수 있습니다.

삶에서의 기쁨과 만족감이 사회의 안전으로 이어집니다.

4월 8일

주위의 조화를 무너뜨리면 결국 내가 괴롭다

일이 잘 풀리지 않아 만족감을 느낄 수 없는 인생은 자신뿐 아니라 주변에까지 나쁜 기운을 조성합니다.

이런 사람은 실패하면 다른 사람이나 사회 탓을 합니다. 그렇게 주위의 조화를 깨고, 그 반작용으로 본인이 괴로워집니다.

개인이 만족하는지 불만족하는지에 따라 사회의 평화가 좌우됩니다.

4월 9일   사회에 이바지할 수 있는가

일할 때는 '돈을 벌 수 있는가'가 아니라 '사회에 이바지할 수 있는가'를 생각하고 행동해야 합니다.

사회에 이바지할 수 있는 사람, 사회에 도움이 되는 사람은 반드시 사회로부터 도움을 받고 보호받을 것입니다.

이른바 '보시의 법칙'입니다.

4월 10일　　　　보상

단순히 재밌거나 내가 하고 싶어서 하는 행위는 '일'이라 하기 어렵습니다.

'사회에 도움이 되는 행위', '다른 사람에게 이바지하는 행위'가 바로 일입니다.

도움이 되는 일을 하면 사회로부터 보상을 받습니다.

그 보상으로 우리는 안정된 삶을 살아갈 수 있습니다.

4월 11일   안정된 일이란

일이란 '단 한 사람에게일지라도 도움이 되는 행위'를 말합니다.

딱 한 명에게 도움을 주고 그 사람으로부터 보상을 받는 것도 훌륭한 일입니다.

안정된 일이라 하면 여러 사람에게 도움이 되는 일을 말합니다.

내가 하는 일로 도움을 받는 사람의 수가 늘어날수록 내 일은 안정적인 셈입니다. 그러면 망할 일은 없습니다.

4월 12일 돈 버는 행위는 정당한 일이다

돈 버는 행위에 대하여 왠지 남을 속여 얻어 낸 듯한 찝찝함을 느끼는 사람이 있습니다. 그러나 돈을 버는 것은 결코 나쁜 행위가 아닙니다.

누군가에게 도움이 되는 일을 하면 그 사람이 기꺼이 그 은혜에 보답해 줍니다.

이것이 '보시의 법칙'입니다.

도움받은 사람이 도움을 준 사람을 도와주지 못할 이유가 없습니다.

돈을 버는 행위란 내가 한 일에 대한 대가이므로 정정당당히 받아도 됩니다.

4월 13일 돈을 벌겠다고 마음먹으면

돈을 버는 것은 결코 나쁜 행위가 아닙니다. 다만 '돈 벌어 보자'라는 마음이 개입하면 바람직한 행위가 아니게 됩니다. 돈을 벌겠다고 마음먹는 순간, 모든 것이 파괴되어 갑니다.

돈을 벌겠다는 마음은 어떻게서든 비싸게 팔아 이익을 남기겠다는 생각으로, 이는 남의 것을 빼앗는 행위입니다. 다 빼앗고 나면 더 이상 빼앗을 것이 없게 됩니다.

돈을 벌겠다는 생각으로 가득 차면 더는 이바지하지도 않고, 그러다 결국 망하고 맙니다.

'돈 벌자'가 아니라 '누군가에게 도움이 되자'라는 마음으로 하는 일은 망하지 않습니다.

4월 14일 아기도 일한다

아기도 일합니다.

방긋방긋 웃으며 손과 발을 움직이기도 하고, 엄마의 머리카락을 잡아당기기도 하며 엄마의 고생에 보답합니다.

엄마는 그 모습을 보고는 기분이 좋아지며 피로가 싹 가십니다. 그러고는 다시 힘을 얻어 기쁜 마음으로 아기를 돌봅니다.

엄마는 아기에게 젖을 주고, 안아 주고, 기저귀를 갈아 줍니다.

엄마와 아기가 서로 보시하는 셈입니다.

4월 15일   닭도 고양이도 일한다

닭이 달걀을 골고루 따듯하게 품는 것도 일하는 것입니다. 병아리가 껍데기를 깨고 나오는 것도 일하는 것입니다.

고양이도 일합니다. 사람에게 길러지는 것이 바로 고양이의 일입니다.

고양이는 우아한 자태로 잠을 자다가 귀여운 모습으로 기지개를 켜고는 다시 잠듭니다. 인간은 그런 모습에 흐뭇해합니다.

이 또한 보시입니다. 베푸는 것입니다.

4월 16일　　　죽는 순간까지
　　　　　　　　일은 있다

성장해 가는 과정에서 다양한 일을 할 수 있습니다.

성인이 되어 취직한 뒤 정년까지 근무하는 것만 일인 것은 아닙니다.

죽는 순간까지 계속 일은 있습니다.

일이 없는 사람은 없습니다.

일이란 자신을 제외한 다른 누군가에게 도움이 되는 모든 행위를 말합니다.

반드시 해야 하는 행위로 선택의 여지가 없습니다.

4월 17일 생명으로서 보답하는 것이 일

일이란 사업에 관해서만 말하는 것이 아닙니다.

일은 생명으로서 마땅히 해야 하는 행위를 말합니다.

이 땅에 태어난 모든 생명에는 모름지기 해야 할 일, 해서는 안 되는 일이 늘 따라다닙니다.

생명은 홀로 살아갈 수 없습니다. 반드시 다른 무언가의 도움을 받으며 살아갑니다.

그래서 보답해야 합니다. 그 보답은 바로 일을 하는 것입니다.

일하지 않는 것은 생명의 법칙을 거스르는 것이나 마찬가지입니다.

4월 18일 　　다른 생명에 도움이 되는 일

우리 목숨은 다른 무언가의 도움을 받아야만 유지할 수 있습니다.

살아 있다는 것은 다른 생명으로부터 온갖 시혜를 받고 있다는 뜻입니다.

도움을 받고 있기에 나도 다른 생명에게 도움이 되어야 합니다.

다른 생명에게 도움이 되면 그것이 바로 일입니다. 그리고 나도 다시 도움받게 됩니다.

4월 19일   불완전하기에 일이 있다

일은 언제든, 어디에든 존재합니다.

지금 여기에서 무엇을 할지는 그때그때 공간 관계에 따라 달라집니다.

그것이 일입니다.

애초에 인간은 불완전한 존재입니다. 여러모로 자신에게 필요한 것이 많은데 스스로 얻을 수가 없습니다. 그래서 가능한 사람에게 도움을 받고 그에 대하여 보답합니다. 각자의 능력을 주고받다 보면 어느새 일이 많이 생겨납니다.

4월 20일   적자뿐인 인생

아무런 일도 하지 않는 것은 보시하지 않는 것과 마찬가지입니다. 보시하지 않는 존재는 살아갈 권리를 잃게 됩니다. 법칙상 불행해집니다.

빼앗기만 하고 보답할 줄 모르는 삶은 머지않아 적자뿐인 불행한 인생이 되고 맙니다.

그런 사람은 몸 건강이 계속 나빠질 뿐, 원래의 건강했던 모습을 되찾을 수 없습니다. 약을 먹어도 듣지 않습니다. 병이 나았는가 싶더니 바로 다른 곳이 안 좋아집니다. 이렇듯 고통이 점점 커집니다.

하지만 보시받고 보시하는 인생은 잘 풀립니다.

4월 21일　　　　빚더미 인생

인간은 대자연과 다른 생명으로부터 보시를 받기만 하여 빚더미 인생을 살아가고 있습니다.

우리 인간이 왜 고통 속에서 살아가는가 하면 빚을 지고 있기 때문입니다. 받는 건 헤아릴 수 없을 정도로 많은데 되돌려주는 건 늘 부족하기 때문입니다.

빚을 다 갚으면 매우 행복하게 살아갈 수 있습니다.

4월 22일   자신의 존엄을 지키려면

모든 생명의 존엄을 소중히 여기는 사람이 자신의 존엄을 지킬 수 있습니다.

다른 생명의 존엄을 밟아 뭉개는 사람은 자신의 존엄을 지킬 수 없습니다.

다른 존재를 살게끔 하는 것이 내가 살아가는 것이기도 합니다.

행복해지고 싶은 사람은 모든 생명에게 행복을 나눠줘야만 합니다.

4월 23일

왜 죽이면 안 되는가

어떤 이유에서든 다른 사람의 권리를 빼앗아선 안 됩니다. 하물며 생명을 빼앗는 일은 절대 있어서는 안 되는 일입니다.

내가 '계속 살고 싶어, 죽고 싶지 않아'라고 생각하듯 다른 생명도 계속 살고 싶고 죽임을 당하고 싶지 않습니다.

'나 죽이지 마. 근데 나는 너 죽일 거야'라는 논리는 존재할 수 없습니다.

'나 욕하지 마. 근데 나는 너 욕할 거야'라는 논리도 존재할 수 없습니다.

죽임을 당하고 싶지 않다면, 괴롭힘을 당하고 싶지 않다면, 욕먹고 싶지 않다면 다른 사람에게도 그렇게 해서는 안 됩니다.

4월 24일   생명을 위해 무엇을 할 수 있는가

능력은 인간과의 관계가 중요합니다. 그래야 능력이 개발됩니다. 생명을 위해 무엇을 할 수 있는지, 어떻게 도움이 될 수 있는지를 늘 생각하면 능력이 점점 좋아집니다.

예를 들어 테레사 수녀는 원래 그다지 능력이 있는 사람이 아니었습니다.

하지만 '인도의 길거리에서 죽어 가는 사람들을 구해야겠다'라고 결심하자, 그녀의 숨겨진 능력이 점점 꽃을 피워 갔습니다.

4월 25일 　　　다중채무를 줄이려면

우리는 대자연과 다른 생명으로부터 받는 크나큰 은혜에 감사하는 마음을 가져야 합니다.

모든 생명에게 자비의 마음을 가져야 합니다.

'살아 숨 쉬는 모든 것들이 행복하기를'이라고 늘 마음속으로 기도합시다.

감사할 때마다, 자비를 기도할 때마다 내 다중채무는 엄청나게 빠른 속도로 줄어 갈 것입니다.

4월 26일   채무를 갚을 기회는 언제든 있다

우리는 대자연 속에서 다른 생명과 함께 살아가고 있습니다.
그래서 살아 있는 동안, 어떤 순간에라도 뭐라도 해 주어야 할 일이 반드시 있습니다.
빌린 은혜를 갚을 기회는 언제든 있습니다. 그 어떤 소소한 일이라도 말입니다.

4월 27일   원인은 바꿀 수 있다

결과는 이제 바꿀 수 없습니다.

하지만 원인은 바꿀 수가 있습니다.

원인이 바뀌면 결과도 바뀝니다.

결과에 발목이 잡혀 고민하지 맙시다.

결과가 좋게 나오도록 원인을 올바르게 조정하는 것이

이성적으로 살아가는 방법입니다.

4월 28일 문제를 해결하려면

문제 해결은 자아를 깨닫는 데서 시작합니다.
상대방을 위해서 한다고 생각하는 부분에 문제가 있습니다.
'다른 사람을 위해서'라고 말하지만 실은 '나를 위해서' 할 때가 얼마나 많습니까.
'할 기회를 주셔서 감사합니다. 만족감을 얻어 행복합니다'라는 마음을 가진다면 만사 잘 풀릴 것입니다.
결국 모두 나 자신을 위해 하는 일이니까요.

4월 29일   감사하는 마음을 전할 수 있도록

죽음을 앞둔 사람을 문안할 때, 그 사람이 아직 말하거나 생각할 수 있다면 지금 몸의 상태가 어떤지 물어봅시다. 그리고 대답을 들으며 이렇게 말해 줍시다.

"당신은 이제 더 이상 할 일이 없어요. 그저 간호사 선생님께 감사의 한말씀 전하고, 의사 선생님께도 감사하면 돼요. 그동안 신세 진 모든 분께 감사하는 마음을 가지세요.

분노와 증오의 마음이 남아 있다면 이제 소용없으니 모두 깨끗하게 비워 내세요."

4월 30일 — 분명 행복하게 죽음을 맞이할 수 있다

죽음을 앞둔 사람을 문안할 때 아직 의식이 뚜렷하게 있다면 이렇게 가르쳐 줍시다.

"모든 생명은 덧없습니다. 태어나는 모든 생명은 죽습니다. 생은 고통으로 끝납니다."

이것이 무념무상의 명상입니다.

나아가 '살아 숨 쉬는 모든 것들이 행복하기를'이라고 염원하듯 가르쳐 주세요.

그러면 확실히 행복해집니다.

행복하게 죽음을 맞이하고 사후 행복도 보장받습니다.

5월

상대가 화난 것을 알고도
되레 화내지 않는 사람은
자신과 상대 모두에게
이로운 행동을 하는 것이다.

상응부경전 유게품 제석상응 『선어승리경』 중

5월 1일 자아가 너무 강한 사람

자아라는 개체가 고통의 원인 중 하나입니다. 자아는 자신이 우월하다는 생각에서 비롯됩니다.

자아가 너무 강하면 매사 잘 풀리지 않습니다. 학교에서는 괴롭힘을 당하고 회사에서도 인간관계가 원활하지 못합니다.

경쟁 사회 속에서는 늘 충돌이 일어납니다. 학교에 가도 회사에 가도 괴로울 뿐입니다. 가정에서도 편히 지낼 수 있는데도 불구하고 쓸데없이 전쟁을 일으킵니다. 자아가 강하다 보니 굳이 생지옥을 만들고 맙니다.

5월 2일   자기희생도 옳지 않다

자기주장이 강하면 여기저기서 문제를 일으킵니다. 내 생각만 하면서 살다 보면 점점 살아가기 힘든 환경으로 바뀝니다.

그렇다고 다른 사람을 먼저 생각하고 배려하는 게 반드시 훌륭하다고는 할 수 없습니다.

나 자신도 제대로 모르는데 다른 사람이 진정으로 필요로 하는 것을 알 리가 없지 않겠습니까.

자신을 희생해 남에게 도움이 되려는 생각은 옳지 않습니다. 그저 괜한 참견을 하는 꼴이 되고 맙니다.

5월 3일   아이는 외계인이라 생각하고 키울 것

육아할 때 아이를 내 소유물이라고 생각하면 크게 스트레스를 받습니다.

아이는 내 소유물이 아닙니다. '외계인'이라고 생각하며 키웁시다.

외계인이기에 이 지구에 관해서는 아무것도 모릅니다.

외계인이 보는 이 세상은 모든 게 신기하기 그지없습니다. 그러니 하나하나 차근차근 가르쳐 주세요.

나중에 아이가 자라면 '이제 제 역할을 해 내는 엄연한 인간이며 그 누구의 소유물도 아니다'라는 마음으로 대해 주세요.

5월 4일 칭찬하며 가르칠 것

아이들은 세상을 현명하게 살아가는 데 필요한 것들을 가정에서 하나하나 배웁니다. 아이는 아무것도 모르기에 "이건 이렇게 하면 된단다"라며 방법을 알려 줘야 합니다.

"그건 틀렸어"라고 화내고 혼내면 아이는 반발합니다. 왜냐하면 아이에게는 틀린 게 아니라 모르는 것일 뿐이니까요. "안녕하세요, 하고 똑바로 인사해야지." 이렇게 일방적으로 혼내며 가르치면 아이에게 제대로 전달되지 않습니다.

인사하는 일은 훌륭하고 현명한 일이라고 알려 줍시다. 좋은 말로 칭찬하며 가르쳐야 합니다.

5월 5일 　　　기울어진 바닥

남을 미워하고 남의 실수를 용서하지 못하는 사람은 마음이 자라지 못합니다.
용서하지 않겠다는 마음은 바닥이 기울어져 있는 것과도 같습니다.
기울어진 바닥 위에 건물을 세우면 기울어진 채로 있다가 결국 무너지고 맙니다.
그러니 미워하는 마음은 말끔히 버립시다.

5월 6일　　끝까지 미워하는 마음

내 행복을 깨뜨리는 범인은 나에게 나쁜 짓을 한 사람이 아닙니다.
범인은 바로 기억에서 지우지 못하고 그 사람을 끝까지 미워하는 '내 마음'입니다.
나를 공격하고 괴롭힌 사람도 그러고 싶어서 그런 게 아니라, 진리를 잘 몰라서 잘못을 저질렀다고 생각합시다.
상대에게 똑같이 복수한들 결코 행복해질 수 없습니다.
아이가 실수했을 때 용서하듯 다른 사람을 미워하지 말고 용서하는 것이 현명하게 살아가는 방법입니다.

5월 7일　　　빈틈과 실수

다른 사람의 잘못을 혹독하게 지적하거나 쉽게 용서하지 못하는 사람이 있습니다.

그런데 그런 사람도 잘 보면 실수나 잘못을 많이 합니다.

사람은 모름지기 불완전한 존재입니다. 늘 어딘가에서 빈틈을 보이고 실수도 합니다.

부처님조차 그 누구에게도 밑도 끝도 없이 "자네는 틀렸어" 하고 말씀하신 적이 없습니다.

5월 8일   내가 옳다는 착각

다른 사람을 용서하지 못하는 이유는 '내가 옳다'라고 착각하고 있기 때문입니다.

그런데 내가 옳다는 전제는 이 세상에서 있을 수 없습니다.

마음만 먹으면 얼마든지 남의 흠을 잡을 수 있습니다. 그런데 과연 그럴 권리가 나에게 있을까요. 가만히 생각해 보면 나도 자주 틀리고 실수합니다.

모두 불완전한 존재입니다. 누구 하나 완벽하지 않습니다. 이것이 진리입니다.

최대한 완벽에 가까워지려 노력하는 것이 살아가는 길입니다. 그 길은 끝이 없으며 평생 이어집니다.

5월 9일　　　만만한 상대 찾기

우리는 비판받기 싫어 내 몸은 숨긴 채 남의 책임을 추궁하고 흠집을 찾아 댑니다.

분노를 배출하기 위한, 만만한 누군가를 찾으려고 혈안이 됩니다.

다른 사람의 잘못을 발견하면 마구 비판하며 자신은 무결점의 완벽한 사람인 양 행세를 합니다.

변명조차 하지 못하는 나약한 자를 일방적으로 비난하는 일은 흔합니다. 하이에나가 약한 동물을 잡아먹으며 살아가는 것과 같은 이치입니다.

5월 10일 내 잘못이 보이는가

남의 잘못은 잘 보입니다.

그러나 사실 보이는 것은 정확하지 않습니다. 내가 보고 싶은 대로 보이는 때가 많습니다.

자신이 똑같거나 더 심한 잘못을 저지르면 별일 아니라는 식으로 넘기거나, 온갖 방법을 동원하여 정당화합니다.

5월 11일   남을 논할 대단한 존재가 아니다

나라는 존재는 남에 관하여 이러쿵저러쿵 이야기할 정도로 대단하지 않습니다.

'저 사람 틀렸어'라고 지적하는 나도 똑같은 입장이 되면 그대로 행동할지도 모릅니다.

'저 사람이 하는 말, 거짓말이야. 괘씸해'라고 비난하는 나도 불리한 상황에 놓이거나 그 자리를 빠져나가고 싶을 때 거짓말을 하지 않습니까.

"저 사람은 못 믿어"라고 말하는 나도 똑같은 입장이 되면 다른 사람에게 믿음을 주기 어렵습니다.

5월 12일 남 일은 신경 쓰지 말 것

다른 사람의 약점이나 과실만 따지다 보면 문제는 영원히 해결되지 않습니다.
다른 사람 일은 신경 쓰지 맙시다.
내 할 일만 제대로 하다 보면 모든 일이 잘 풀립니다.
부처님께서는 '다른 이가 무엇을 했고 무엇을 하지 않았나를 따질 것이 아니라, 나 자신을 잘 살펴야 한다'라고 가르쳐 주셨습니다.

5월 13일   내가 먼저
            해 볼 것

다른 사람의 실수를 지적하고 가르치려 하는 사람은 미움받습니다. 남을 가르치려 하는 것은 괜한 참견입니다.

가르치려 하는 사람과 같은 공간에 있는 것조차 모두 꺼립니다. 결국 사람들과 멀어지고 홀로 쓸쓸히 살아가게 됩니다.

그렇다면 아예 가르치려 하지 말라는 이야기일까요.

그렇지는 않습니다. 자신이 먼저 해 보고 나서 알려 주면 됩니다.

내가 한 일을 남에게 알려 줄 때는 설득력이 생깁니다.

5월 14일   공통점을 열심히 찾을 것

잘못을 지적하거나 따져도 상대방의 성곤은 고쳐지지 않습니다. 더 깊은 다툼의 수렁에 빠질 뿐입니다.

상대방의 불완전한 부분을 찾아내는 행위는 의미가 없습니다.

그보다 친해질 만한 부분이나 공통점은 없는지 열심히 찾아봅시다.

5월 15일   바람직한 어법

내 이익만 염두에 두고 말하면 상대방과 싸우게 됩니다.
나와 상대방 모두 이득이 되도록 심사숙고하여 말하는 것이 이상적입니다.
'나와 상대방 모두에게 이로운 방법은 무엇일까'를 먼저 생각해 봅시다.

5월 16일 누구의 의견도 아닌 올바른 의견

우리는 대부분 '내가 옳고 상대방이 틀렸다'라는 전제 하에 논쟁하는 경향이 있습니다.

그러나 논쟁이 일어났다는 말은 모두의 의견이 틀렸음을 뜻합니다.

모두 틀렸으니 대화를 통해 누구의 의견도 아닌 올바른 의견을 도출해야 합니다.

이것이 바로 부처님이 말씀하신 '중도(中道)'의 삶입니다.

5월 17일 효도할 수 있는 사람

부모에게 의존적이지 않은 사람이 효자입니다.

일찍 부모 곁을 떠나 자립한 사람은 부모님을 기쁘게 할 수 있습니다.

부모님께 사랑받은 일이나 혼난 일 등을 떠올릴 때마다 "우리 부모님, 나를 참 열심히 키워 주셨어…" 하며 미소 짓는 자가 바로 효도할 수 있는 사람입니다.

5월 18일   부모는 평생 자식을 걱정한다

부모님은 "부모와 자식 간의 연은 여기서 끝이다"라고 말씀하셔도 마음속으로는 자식 걱정이 이만저만이 아닙니다. 훌륭한 사람이 되어 달라고 마음으로 빌고 계십니다.

'자식을 향한 부모의 걱정이 뼛속까지 시리게 한다. 하지만 자식은 그걸 모른다'라는 스리랑카의 노래 구절이 있습니다.

부모의 사랑은 평생 계속됩니다.

그래도 자식은 부모의 소유물이 아닙니다.

5월 19일 불행해지는 길

'부모님이 잘못 키우셨다'라고 생각하는 사람은 불행할 수밖에 없습니다.

고생해서 키워 주신 부모님인데 트집 잡는 사람은 스스로 행복해지고 싶은 마음조차 없는 사람입니다.

이런 사람이 남을 돕고 사회에 이바지하기란 거의 불가능합니다.

큰사람으로 성장하기 위한 첫걸음은 부모님께 감사하는 마음을 갖는 것입니다.

5월 20일 잘못이 없다면 행복해야 한다

우리는 불행의 원인이 자신이 아닌 외부에 있다고 생각합니다.

'경제 상황이 나빠서', '혈압이 높아서', '빚만 없었더라면', '저 인간만 없으면', '아내가 살림을 더 잘했더라면' 등 남 탓으로 돌립니다.

다른 사람의 흠을 내 불행의 원인으로 삼으며 나는 잘못이 없다고 합리화합니다.

그런데 잘못이 없는 게 확실하다면 나는 지금 행복해야 합니다.

5월 21일　　　　남의 부탁

다른 사람에게 부탁받는 일이 많은 건 내가 착하고 친절하기 때문일 것입니다.

사람은 자아가 강하지 않고 성격이 밝은 이에게 부탁하는 일이 많습니다.

남이 나에게 부탁을 자주 한다면 매우 고마운 일입니다.

부탁 들어주느라 바빠 자기 생활은 엉망일지라도 그 사람은 훌륭한 사람입니다.

다만 그래서 해야 할 일을 제대로 못 하고 있다면 고생만 하는 셈입니다.

다른 사람의 부탁은 나에게 해가 되지 않을 만큼만 들어줍시다.

5월 22일　　　　살인의 원인

고립 속에서 분노와 원망이 쌓인 끝에 '묻지 마 살인'을 저지르는 사람이 있습니다.

이런 말도 안 되는 범죄가 일어나는 원인은 사회 전체에도 있습니다.

범인은 극한의 고립에 내몰리다 살인을 저지르게 되었을 것입니다. 범인의 분노가 극에 달했을 때 따뜻하게 대해 주고 마음을 이해해 주는 사람이 주위에 있었더라면 얼마나 좋았을까요. 그랬다면 살인을 막을 수 있었을 것입니다.

결과적으로 미리 막지 못한 사회에도 원인이 있습니다. 우리는 서로 걱정하고 돌볼 의무가 있습니다.

5월 23일　　　싸움에서
　　　　　　승자는 없다

싸움에서 이긴다고 행복해지지 않습니다.

싸움에서 승자는 한 명도 없습니다.

패자는 져서 분합니다.

승자는 패자에게 미움을 삽니다.

결국 적만 더 늘어납니다.

이겼다고 좋을 일 하나 없습니다.

5월 24일　　　　일상을
　　　　　　　　　전쟁터로 삼다

'인생이란 싸워서 이기는 것이다'라는 마음으로 살면 가는 곳마다 분란을 일으키고 괜한 고통까지 만들게 됩니다.
우리는 일상을 전쟁터로 삼고 있습니다.
안 그래도 힘든 일상에 고통을 더 쌓고 있는 셈입니다.
너무도 불행한 삶입니다.

5월 25일 승패를 초월한 길

불교의 가르침은 '싸워라, 이겨라'가 아닙니다.
'지금 여기서 싸우지 말고 더 나은 길은 없는지 찾아보자'라며 승패를 뛰어넘은 길을 가르칩니다.
싸움의 늪에 발을 넣지 않고 싸움을 '초월'하는 것이 중요합니다.
부처님은 "성자(聖者)는 승리와 패배를 초월한 채 평안하게 산다"라고 말씀하셨습니다.
누군가를 이길 필요도 없고 누군가에게 질 필요도 없습니다.

5월 26일   죽음을 앞둔 사람을 문안할 때

죽음을 앞둔 사람을 문안할 때는 "힘내세요", "금방 좋아지실 거예요" 같은 말은 하지 않습니다.

대신에 "지금 어떠세요?" 하고 묻습니다.

죽음을 앞둔 사람은 자신이 느끼는 고통과 불편함을 말할 것입니다. 그 말을 들어 주면 됩니다.

들으면서 "인생이란 게 누구나 다 똑같아요. 모든 것은 무상합니다" 하고 공감해 주세요.

그리고 마지막 말을 건넵니다.

"그러니 깨끗한 마음으로 계세요."

5월 27일　　가장 위대한 노력

우리는 입버릇처럼 다른 사람에게 "열심히 해"라고 말합니다. 마치 인사처럼 말입니다.

원래 "열심히 해"라는 말은 무언가에 도전하고 있는 사람에게 '포기하지 말고 끝까지 해 봐'라는 뜻으로 하는 말입니다.

부처님께서도 권하신 가장 위대한 노력이라고 하면, 바로 자신의 약점을 극복하기 위한, 선행을 하기 위한, 인격을 완성하기 위한 노력입니다.

5월 28일　　죽음이 다가온 사람을 대할 때

죽음이 임박한 사람은 어떻게 대하면 좋을까요.
곧 죽음을 맞이한다고 해서 심각한 표정을 할 필요는 없습니다. 그 사람이 건강했을 때처럼 아무렇지 않게 대하면 됩니다.
"즐거웠던 일 많았지. 여기저기 여행도 같이 다녔고."
이렇게 즐거웠던 추억을 이야기해도 좋습니다.
"지금까지 열심히 잘 살았어. 나한테도 잘해 줘서 고마워." 칭찬과 감사의 말도 전합니다.
사람은 감사의 말을 들으면 '나름대로 열심히 살았구나'라며 흐뭇해집니다.

5월 29일 아무리 많이 얻어도 완성되지 않는다

살아가는 것은 도전입니다. 사람은 살아가며 무언가를 얻기 위해 많은 것에 도전합니다.

그러나 아무리 많이 얻어도 완성에는 이르지 못합니다. 음악으로 일류가 되어도, 세계 최고의 자리에 올라도 완성되었다고는 할 수 없습니다. 머지않아 더 뛰어난 사람이 나타날지도 모릅니다.

아무리 많이 얻어도 완벽하게 채워지고 완전히 끝나는 일은 이 세상에 없습니다.

5월 30일 말에 무게감이 없다

여러 종교에서 훌륭한 가르침을 설파하는데도 불구하고 도덕을 지키지 않는 인간이 많습니다. 왜 그럴까요. 그 이유는 말에 무게감이 없고 둥둥 떠 있기 때문입니다. 예를 들어 서양에서는 삶에서 가장 중요한 것이 '사랑'이라고 주장해 왔지만, 역사를 보면 딱히 그런 것 같지 않습니다.

역사적으로 봤을 때 서양에서 사람을 가장 많이 죽였습니다. 기관총이나 다이너마이트, 원자폭탄을 개발한 것도 서양입니다.

그들은 핵무기를 대량으로 가지고 있으면서, 다른 나라와 문화권에는 핵무기를 만들지도 말고 가지지도 말라고 뻔뻔하게 말합니다.

5월 31일 　　물질과 마음의 파동

불교에서는 물질이 '땅, 물, 불, 바람'의 네 가지 요소로 이루어져 있다고 여깁니다. 땅은 질량을 만드는 힘, 물은 끌어당기는 힘, 불은 열이자 변화시키는 힘, 바람은 떼어 내는 힘입니다. 물질이란 이 네 가지 요소로 구성된 모든 것을 말합니다.

그리고 그 물질의 구성을 인식하는 것이 '마음'입니다. 바꿔 말하면 마음은 땅, 물, 불, 바람을 안다는 뜻입니다. 인식한다는 말입니다. 하지만 아무도 이 사실을 깨닫지 못합니다. 감정에 휘둘려 '탐·진·치'로 데이터를 조작하고, 고통을 지배하는 속세적인 지식 세계를 합성하고 있습니다.

6월

세존의 법(부처의 가르침)은
선하고 올바르게 설파된,
실증할 수 있고 보편적이며 영원한,
"와서 보라(직접 와서 체험하고 판단하라)"라고 말할 수 있으며,
실천하는 사람을 열반으로 이끄는
현자들에 의해 각자 깨달아야 할, 가르침이다.

장부경전 16 「대반열반경」에서 「법육덕」

6월 1일 가르침이 올바른 것이라면

가르침 자체가 올바른 것이라면 그 가르침이 모두에게 인정받을 필요는 없습니다.
누가 어떻게 반론을 하든, 진리는 무너지지 않습니다.
비판하려는 사람이 있다면 그 의견을 배우고 이해하면 됩니다.
'비판 금지', '의문을 가지지 말 것'이라고 주장하는 종교가 있다면 진리라 하기 어렵습니다. 가르침이 잘못되었음을 알 수 있습니다.

6월 2일   기꺼이 비판하세요

부처님은 '기꺼이 비판하세요', '자유롭게 논의하세요'와 같은 입장에서 가르치십니다.
예를 들어 과학적으로 증명된 진리를 비판으로부터 보호할 필요가 있을까요.
그것이 진리라면 "자, 틀린 점을 증명해 보세요"라고 당당하게 말할 수 있습니다.

6월 3일 철학적인 논쟁은 삶과 무관하다

'우주의 진리란 무엇인가', '부처란 무엇인가'… 끝없이 논한들 의미가 없습니다.

이런 논쟁은 살아가는 것과 아무런 관계가 없으며, 따라서 그로 인해 마음이 깨끗해지지도 않습니다.

이런 철학적 논쟁보다 '나 자신의 평화를 위한 방법'을 생각해야 합니다.

6월 4일

진리는 믿으려 애쓰지 않아도 된다

증거를 바탕으로 성립된 진리는 믿을 필요가 없습니다.

'지구는 둥글다'는 것은 객관적인 사실이기에 굳이 믿으려 하지 않아도 되는 것입니다.

'지구 밖 우주에 생명체가 존재하는가', '신은 존재하는가'와 같은 주제는 믿을 수도 있고 믿지 않을 수도 있는 문제입니다.

왜냐하면 이들에 관한 객관적인 증거가 아직 없기 때문입니다.

6월 5일   티끌만 한 남의 흠 찾기

사람은 '딱히 중요하지도 않은 일'을 트집 잡아 상대방을 무너뜨리고, 자신이 얼마나 강한지, 올바른지를 증명하고 싶어 합니다.

상대방에게 '티끌만 한 흠'이라도 없는지 열심히 찾습니다. 그리고 '딱히 중요하지도 않은 일'을 발견해서는 앞을 다투고 싸움을 걸려 합니다.

인생이란 가만히 있어도 고통스러운데 혈안이 되어 적을 찾습니다. 제멋대로 싸움을 걸어 놓고는 '싸우니까 힘들다'라며 불평까지 합니다. 인간은 이렇게도 모순적인 존재입니다.

6월 6일 구체적이어야 한다

우리가 믿는 것의 대부분은 믿어도, 안 믿어도 상관없는 것들입니다.
우주에 생명체가 있든 없든, 지금 살아가고 있는 우리와는 무관계합니다.
그래서 굳이 믿을 필요도 없고 부정할 필요도 없습니다.
우리에게 필요한 것은 추상적인 신앙의 대상이 아니라 구체적으로 눈에 보이는 존재입니다.

6월 7일 신앙은 족쇄다

증명할 수 없는 존재를 두고, 우리는 믿을지 말지를 정합니다. 예를 들어 일신교가 말하는 '신'처럼 말이지요. 그리고 일단 믿기로 마음먹으면 그때부터는 그저 신앙을 가지고 살아갑니다. 신앙에 빠지면 신앙에 대해 논의하거나 의문을 가지는 일이 쉽지 않습니다. 삼라만상을 객관적이고 과학적으로 알아보기도 불가능해집니다.

신앙은 '지혜 개발'의 족쇄입니다. 신앙은 사람의 마음에 자물쇠를 채워 버립니다. 부처님은 깨달음을 얻으신 직후, "신앙을 버리자"라고 말씀하셨습니다.

6월 8일   부처님이 말씀하시는 '믿음'

부처님이 말씀하시는 '믿음'은 밑도 끝도 없이 들은 대로 믿는 것이 아닙니다. 매사 스스로 확실히 조사하고 이해하고 수긍해 가는 과정입니다.

불교를 향한 '믿음'을 확립하는 방법은 부처님이 설명하신 진리를 스스로 알아보고, 이해해서, 수긍하는 것입니다. '믿음'은 '지혜의 수행'과 뗄 수 없는 관계입니다. 그래서 불교에서 말하는 '믿음'은 '맹신'이 아닌, 이해를 통해 확립된 '확신(신심)'으로 이해하면 됩니다.

6월 9일 신심은 자유로워지는 길

세속적인 것이든 종교적인 것이든 듣는 대로 믿으면 안 됩니다.

올바른지 그른지, 왜 그렇게 말하는지 제대로 알아보고 내 책임하에 수긍해야 합니다. 이 과정은 불교에서 추천하는 '신심'으로 가는 길입니다. 그런 태도를 관철하면 세뇌당하거나 지배당하는 일이 없습니다.

스스로 알아보고, 이해하고, 수긍하는 불교의 '신심'은 '신앙'과 달리 자유로워지는 길입니다.

6월 10일   '신심'과 '신앙'의 차이

'신앙'이란 교주나 전설이 전하는 '위대한 힘'에 이끌리는 것을 말합니다. 위대한 힘에 정직하게, 성실하게, 순순히 따르는 것입니다.

신앙을 가지게 되면 교환하듯 내 자유를 신앙의 대상에게 맡기게 됩니다. 내 자유를 잃게 되는 셈이지만, 나약한 사람은 오히려 삶이 편안해질지도 모릅니다.

불교의 '신심'은 신앙과 다릅니다. 신심에 이르는 길은, 스스로 진리를 찾아 궁극적인 자유를 얻음으로써 완성됩니다.

6월 11일   스스로 음미하고 수긍하라

진리라고 해서 부처님의 가르침을 그대로 받아들일 필요는 없습니다. 의문이 생기면 수긍할 때까지 찾아보고 내용을 음미해야 합니다. 그것이 불교적 태도입니다.

만약 이해가 안 되는 부분이 있으면 그곳만 보류하면 됩니다. 끊임없이 배우고 지혜가 쌓이면 부처님의 가르침이 모두 진리라는 사실을 스스로 깨닫는 때가 옵니다.

세속적인 부분도 불교적 태도를 응용하여 공부해 봅시다. 세속적 지식이 모두 진리는 아닙니다. 객관적이고 과학적으로 봤을 때 분명히 틀린 지식이 있다면 깔끔히 버립시다.

6월 12일   신의 의지가 아닌 물리적 법칙

자신을 믿지 못하는 사람은 신이나 우주의 힘에 의지하려 합니다.

객관적인 증거가 없는데도 불구하고 '일단 믿어 보자'라며 황급히 결론을 냅니다. '신앙'에 따라 살아가기로 마음먹습니다.

그러나 이 세상에 존재하는 것은 신의 힘이 아니라 '변화'하는 법칙입니다.

태풍이 불어 사과가 나무에서 떨어져 못 먹게 된 현상은 물리의 법칙이지 신의 의지가 아닙니다.

자아를 버리면 신비나 미신은 사라집니다.

6월 13일 응축된 진리

부처님은 진리를 두고 "보편적이어야 한다. 모순이 없어야 한다. 예외가 있어선 안 된다. 누구라도 실천할 수 있는 것이어야 한다"라고 말씀하셨습니다.

아인슈타인의 상대성 이론이 '$E=mc^2$'과 같이 단순 수식으로 표현되듯, 진리도 응축된 형태로 나타납니다.

부처님의 가르침에는 그런 응축된 진리가 설파되어 있습니다.

6월 14일 강인한 사람은 늘 차분하다

멘탈이 약하고 겁이 많은 사람은 무기를 지니려고 합니다. 자신이 없는 사람은 센 척을 합니다.

불만이 있는 사람은 강력하게 자기주장을 펼치려 합니다. 억압된 사람은 권력이나 지위를 추구하며 억압된 한을 풀려고 합니다.

진짜로 강한 사람, 자신 있는 사람, 능력 있는 사람은 다른 사람의 흠을 잡아 공격하지 않습니다.

이런 사람은 스스로 만족하고 있기에 늘 차분합니다.

6월 15일   '선행'은 실감할 수 있다

선행을 해야 하는 이유는 굳이 설명하지 않아도 스스로 느낄 수 있습니다.

길거리에 버려진 쓰레기를 줍고, 재해를 입어 힘든 상황에 놓인 분들을 위해 모금하고, 울적해 있는 친구의 기분을 풀어 주는 등 아주 소소한 일이라도 착한 일을 해 봅시다.

좋은 일을 하는 순간에는 힘들지 몰라도, 나중에 서서히 기쁜 마음, 안도감과 평온함, 마음의 안정, 성취감 등을 느낄 수 있습니다.

선행이 괴로운 건 한순간입니다. 그 후로는 떠올릴 때마다 즐거워집니다.

6월 16일 '악행'도 실감할 수 있다

왜 악행을 하면 안 되는지도 스스로 느낄 수 있습니다. 거짓말을 하거나 슬픔을 안기고 살생, 민폐와 같은 악행을 저지르면 결국 자신이 괴로워집니다.

악행을 저지른 순간에는 아무렇지 않더라도 점점 마음이 두근거리다가 역함, 불안함, 우울함, 후회와 같은 감정을 맛보게 됩니다.

악행이 즐거운 건 한순간입니다. 후에는 자신이 저지른 악행이 떠오를 때마다 괴로울 것입니다.

6월 17일   고통이
　　　　　　고통을 부른다

악행을 저지르는 사람은 나쁜 짓을 하기 전부터 몹시 괴로운 상태입니다.

그리고 그 상태에서 벗어나기 위해 악행을 저지릅니다. 저지른 순간에만 쾌락을 느끼고 그 뒤로는 다시 괴로움에 몸부림칩니다.

시간이 더 흘러도 과거에 저지른 악행을 떠올리며 영원히 고통받게 됩니다.

악행 전부터 괴로웠고, 악행 직후에 다시 괴로워졌으며, 시간이 흐른 뒤에도 괴롭습니다.

고통이 고통을 부른 셈입니다.

비록 악행은 들키지 않더라도 자신이 받는 고통(악업)으로부터 평생 벗어날 수 없습니다.

6월 18일　　　자기 평가

우리는 항상 자신을 평가하며 살고 있습니다.

자신에게는 늘 후하게 점수를 주고 싶은 법입니다.

나쁜 짓을 했을 때는 양심상 높은 점수를 줄 수 없습니다.

스스로 채점한 결과, 낙제점이 나온다면 매우 고통스러울 것입니다.

악행을 멈춘다면 자신에게 늘 높은 점수를 줄 수 있습니다.

6월 19일 악행은 소소할지라도 나쁘다

'악행은 아무리 소소한 일이라도 해선 안 된다'라고 명심합시다.

'소소하니까', '딱 한 번이니까'라고 대수롭지 않게 여기면 점점 무뎌집니다. '만 원 정도 뭐 어때'라며 아무렇지 않게 계속 떼어먹다 보면 종말에는 수억 원대 사기꾼이 될 것입니다.

처음에는 작은 거짓말만 하던 사람도 머지않아 시도 때도 없이 거짓말을 하는 거짓말쟁이가 될 것입니다.

무서운 사실은 이것이 마음속에서 버릇이 된다는 점입니다. 버릇이 되면 원래로 돌아가기가 어렵습니다.

6월 20일   부끄러운 사실을 깨우쳐 줄 것

악행을 저지르는 것은 이 세상으로부터 받은 은혜를 원수로 갚는, 부끄럽기 그지없는 행위입니다.

나쁜 짓을 하는 사람은 용기도 자신도 없는 겁쟁이입니다. 그래서 '나쁜 짓을 하는 것은 부끄러운 일이다'라고 가르쳐야 합니다.

혼낼 일도 아니고 무시할 일도 아니며 칭찬할 일도 아닙니다. 그 부끄러운 사실을 깨우쳐 줍시다.

6월 21일 '선행'과 '악행'

'선행'이란 자신이 기쁘고 남도 기쁜 일을 말합니다. 그리고 '후회스럽지 않은 일'을 말합니다. '악행'이란 자신이 괴롭고 남도 괴로운 일입니다. 그리고 '후회스러운 일'을 뜻합니다.

자신에게는 기분 좋아도 남에게 폐를 끼치는 일은 선행이 아닙니다.

또 남은 기뻐해도 내가 괴로운 일이라면 역시나 선행이 아닙니다.

조금이라도 후회할 듯싶은 행동은 그만둡시다.

6월 22일   선행을 하는 목적

'선행'을 하면 '좋은 결과'가 나옵니다. 여기에는 예외가 없습니다.

'고만고만한 결과'가 나왔다면 '고만고만한 일'밖에 하지 않았기 때문입니다.

'좋은 결과'를 얻으려고 '선행'을 했는데도 불구하고 기대와 다른 결과가 나오면 불만과 분노가 터져 마음이 더러워집니다. 그러면 '선행'이 아닌 셈입니다.

'선행'을 하는 목적은 마음을 정화하는 것입니다. 이 목적을 가진다면 기대 여부와 상관없이 '좋은 결과'가 나올 것입니다.

6월 23일   자연스레 선행으로 이어지다

선행을 하려면 우선 선행을 하기로 마음먹어야 합니다. 그러면 선행을 할 기회가 사방에 놓여 있다는 사실을 깨닫게 됩니다.

지하철에 탔는데 어르신이나 몸이 약한 사람이 눈앞에 보이면 살짝 자리에서 일어납시다. 그러면 마땅히 앉아야 할 사람이 자연스럽게 그 자리에 앉을 것입니다. 자연스레 선행으로 이어지는 건 참으로 기쁜 일입니다.

6월 24일 언제든 할 수 있는 선행

선행을 하려고 해도 뭘 하면 좋을지도 잘 모르겠고, 과연 내가 할 수 있는 일이 있나 싶을 때도 있습니다. 경험이 없기에 그렇게 생각하는 게 당연합니다.

그렇다면 지하철에서 어르신께 자리를 양보하는 일부터 하루에 한두 번씩 해 보면 어떨까요.

하다 보면 언제든 내가 할 수 있는 좋은 일이 주위에 많다는 사실을 깨달을 겁니다.

나도 모르는 사이에 좋은 일을 할 수 있게 됩니다.

6월 25일 　　　　중요한 영양분

인간의 영양분을 채워 주는 음식은 쌀과 빵, 채소, 고기 뿐만이 아닙니다. 이들은 육체에 주는 물질에 불과합니다.

우리가 '보고, 듣고, 냄새 맡고, 만지고, 생각하는 것'도 중요한 영양분입니다.

이들도 음식과 마찬가지로 오염된 것은 섭취하면 안 됩니다. 잘 골라서 깨끗한 것들을 섭취합시다.

6월 26일   마음에도 깨끗한 영양분이 필요하다

마음에도 영양분이 필요합니다. '하고 싶다'라는 생각도 영양분입니다. 뭐든 해야 마음이 편하고, 늘 뭐라도 하고 싶은 마음, 이 또한 영양분입니다.

마음은 스스로 영양분이 되어 다음 마음을 만듭니다. 깨끗한 마음을 영양분으로 삼기에 다음 만들어지는 마음도 깨끗합니다. 마음에 더러움이 섞이면 다음 만들어지는 마음도 더러워집니다.

그래서 건강한 신체를 위해 신선한 음식을 먹듯, 건강한 마음을 위해 '지금의 마음'을 늘 깨끗하게 유지합시다.

6월 27일   내 경험을 들려주자

이 세상에서는 사랑과 평화, 도덕이 끊임없이 회자됩니다. 그러나 우리 귀에는 시끄럽기만 합니다. 그 말에 무게감이 없기 때문입니다.

설교만 한다고 세상이 좋아지지 않습니다. 가르침을 주려는 사람이 먼저 실행하고 체험하고 나서 제 경험을 들려줘야 합니다.

직접 경험한 이야기를 들려주면 모두가 귀를 기울입니다. 진정성이 있기에 모두 경청합니다.

6월 28일 설교쟁이는 미움받는다

여래(부처님)의 정의 중에 '설법한 대로 행하는 사람, 행한 대로 설법하는 사람', '수행한 일을 알려 주는 사람, 알려 준 대로 수행하는 사람'이 있습니다.

우리도 다른 사람에게 알려 준 것을 스스로 행하는 사람이면 좋겠습니다. 자신이 행한 일을 다른 사람에게 알려 줄 수 있는 사람이면 좋겠습니다.

스스로 해 보지도 않고 입으로만 가르치는 것은 설교에 불과합니다. 다른 사람에게는 시끄럽게만 들릴 것입니다. 설교쟁이가 미움받는 건 당연한 이치입니다.

6월 29일 　　　듣는 건 싫지만
　　　　　　　　남에게는
　　　　　　　　하고 싶은 것

남에게 설교를 들으면 별로 기분이 좋지 않습니다.
그러면서 남에게는 정신 차리라는 둥, 노력하라는 둥,
똑바로 하라는 둥 설교하는 건 아주 좋아합니다.
이것은 마치 "너는 내가 하라는 대로 해. 근데 나는 그
냥 내버려둬"라는 말과 똑같습니다.

6월 30일

설교한다고 세상이 바뀌지 않는다

설교한다고 문제가 해결되지 않습니다.

똑바로 하라는 설교를 들은 사람은 다른 사람에게도 똑같이 설교할 것입니다.

그리고 그 사람은 또 다른 이에게 똑같은 말로 설교할 테지요.

그러다가는 세상은 영영 변하지 않습니다.

7월

과거를 좇지 말고 미래를 바라지 말라.
과거는 이미 지나갔고 미래는 아직 오지 않은 것.
오로지 현재 일어난 것들을 관찰하라.
지혜로운 자여, 흔들리지 말고 그것을 실천하라.

중부경전 131 『일일시호일경』 중

7월 1일 　　　　　망상의 맹독

망상은 맹독입니다.

망상 때문에 스트레스가 생깁니다.

망상 때문에 뭘 해도 고통과 실패로 끝납니다.

그래서 가장 먼저 할 일은 망상을 멈추는 일입니다.

7월 2일   망상은 정신적 피해

바쁘다고 하는 사람은 사실 머릿속에서 망상이 빙빙 돌아가고 있습니다.

생산성 전혀 없는 망상에 시간을 빼앗기고 있는 셈입니다. 나아가 망상은 정신적 피해까지 일으킵니다.

정신없이 돌아다니지 않아도 망상만 멈추면 필요한 모든 것이 갖추어집니다.

7월 3일   똑똑해지는 방법

지식이나 복잡한 개념을 머릿속에 최대한 저장하는 것이 지식인의 조건이라 여겨집니다.

그러나 지식이나 개념을 무턱대고 모으기만 한다고 그대로 쓸 수 있는 것은 아닙니다. 논리적으로 깔끔하게 정리가 되어 있어야 그 정보들도 의미를 갖습니다.

마음을 혼란스럽게 하는 '망상'만 없애면 지식이나 개념을 애써 긁어모으지 않아도 필요한 정보가 정리되어 나옵니다.

똑똑해지는 가장 효율적인 방법은 망상하지 않는 것입니다.

7월 4일 망상은 인생을 망칠 수 있다

우리는 망상 때문에 우리의 능력이 담긴 그릇에 구멍이 뚫려 있습니다. 망상 때문에 지금껏 가능했던 일이 불가능해지고 능력을 잃어 인생의 수레바퀴가 어긋나 버리는 일도 적지 않습니다.

망상은 무조건 멈춰야 합니다. 즉, 마음이 '과거'와 '미래'에서 방황하지 않고 '현재'를 깨닫고 살아가도록 해야 합니다. 바로 그것이 부처님이 말씀하신 '능력향상'의 비결입니다.

망상을 멈추려면 깨달음을 정진해야 합니다. 마음을 제멋대로 폭주시키지 않고 이 순간에 붙여 놓는 훈련을 해야 합니다.

7월 5일   유일한 희망을 깨지 말 것

불교에서는 왜 입에 침이 마르도록 망상을 나쁘게 말할까요. 그 이유는 망상이 인간의 유일한 위안거리인 '이성'을 파괴하기 때문입니다.

'윤회의 바다'에 빠져 허우적거리는 우리는, 살아남기 위한 유일한 희망, 즉 이성이라는 튜브에 몸을 맡기고 있습니다.

망상을 일으켜 분노와 증오, 욕심의 늪에 빠지는 것은 물에 빠진 사람이 자신의 튜브에 구멍을 내는 것과 마찬가지입니다. 인간이라면 아무리 실패해도 이성만큼은 파괴해선 안 됩니다. 그러니 절대로 망상을 가볍게 생각하지 맙시다.

7월 6일   '지금, 이곳'이 망상을 멈춘다

망상을 멈추려면 어떻게 하면 좋을까요. '지금, 이곳'에 있는 자신을 관찰하며 망상을 멈출 수 있습니다. 그러기 위한 구체적이고 쉬운 방법이 있습니다.

지금 행하는 일에 마음을 집중시켜 봅시다. 마음이 지금보다 1분 전(과거)으로도, 1분 후(미래)로도 걸쳐지지 않도록 지금에 집중합니다. 그러면 망상이 멈춥니다.

하지만 방심은 금물입니다. 마음은 '지금, 이곳'에서 벗어나고 싶어 합니다. 마음은 파괴적인 망상을 좋아합니다. 그런 마음의 계략에 지지 않도록 조심합시다.

7월 7일 '지금 해야 할 일'을 하자

우리는 망상에 시간을 헛되이 쓰느라 '지금 할 수 있는 일'을 제대로 못 하고 있습니다.

그러다 보면 머지않아 자기혐오에 빠지게 됩니다. 자기부정으로 인해 미래에 대한 희망을 잃게 됩니다. 그렇게 점점 '지금 할 수 있는 일'을 하지 않게 됩니다.

'지금 할 수 있는 일, 지금 해야 할 일'을 반드시 해야 합니다. 쓸데없는 생각은 하지 말고 묵묵히 할 일을 해야 합니다.

그 시점에 인생이 즐거워져 있을 것입니다.

7월 8일 해야 할 일은 눈앞에 있다

뭘 하면 좋을지 모르겠다며 가르쳐 달라는 사람이 종종 있습니다.
이럴 때 저는 "내가 어찌 알리요" 하고 답합니다.
그런 사람은 망상에 시간을 허비하고 있을 뿐입니다.
자신을 직시하지 않고 남의 평가만 받으려 합니다.
'나는 뭘 해야 하나—', 답은 바로 눈앞에 있습니다.
그때 해야 할 일은 늘 눈앞에 있습니다. 그것을 묵묵히 하면 됩니다.

7월 9일   분위기 파악 못 하는 사람

분위기 파악을 못 해 고민하는 사람이 많습니다. 분위기 파악을 못 하는 이유는 바로 망상을 하고 있기 때문입니다.

망상을 하는 사람은 과거에 살고 있습니다. 과거의 무언가를 생각하다 보면 '현재'의 분위기를 파악할 수 없습니다. 육체만 현재에 있고 마음은 실재하지 않는 과거로 가 버린 지 오래입니다.

현재를 살아가는 사람, 망상하지 않는 사람은 손쉽게 능력을 키울 수 있습니다. 아무 생각도 하지 않고 오로지 지금 해야 하는 일을 하고 있기 때문입니다. '지금, 이곳'에서 해야 할 일을 분명히 알고 있는 사람은 분위기 파악을 잘합니다.

7월 10일 망상하는 인생은 허무하게 끝난다

과거에 발목이 잡힌 사람에게 현재는 너무도 가혹합니다. 미래를 망상하는 사람에게도 현재는 이해할 수 없는 세상입니다. 미래를 추측해도 이는 과거의 지식을 조합한 것입니다. 과거를 망상해도, 미래를 걱정해도 사람은 결국 과거의 개념에 사로잡혀 있을 뿐입니다. 머릿속에서 같은 일을 반복하고, 과거의 인식을 회전시키고 있습니다.

망상하는 사람은 현재를 살고 있지 않기에 소중한 시간을 낭비하고 있는 셈입니다. 겉모습만 늘어 갈 뿐, 아무런 인격적 성장도 없이 허무하게 살다 삶을 마치게 됩니다.

7월 11일 망상이 물러가면 행복이 나타난다

불교의 수행이란 쉽게 말하자면 '망상을 멈추는 훈련'입니다. '과거에 살지 말라'의 실천입니다.

러닝머신 위를 달렸다고 마라톤 대회에 참가한 것으로 인정되지 않습니다. 마라톤 대회에서 꼴찌로 들어와도 대회에 참가하여 달리는 편이 멋집니다.

과거에서 헤매지 말고 지금을 깨닫고 현재를 살아가야 합니다. 그러면 근심과 걱정이 사라질 것입니다.

'지금'을 사는 그 순간부터 우리는 행복해질 수 있습니다.

7월 12일 '나'라는 실감의 정체

모든 인간의 괴로움과 슬픔, 온갖 문제는 '나'라는 실감이 만들어 낸 것입니다. 그 실감은 '내 가족', '내 직장', '내 조국'으로 확대되며 다른 존재와의 대립, 불화를 일으킵니다.

'나'라는 실감이 나타날 때마다 사람은 자기중심적으로 변하고 중요한 것이 시야에서 사라지며, 점점 경직되어 갑니다.

사실 '나'는 흘러가는 강물과도 같은 존재로, 살아간다는 '흐름'에 불과합니다. '나'라는 실감은 흐르는 강을 멈춰 있다고 인식하는 것과 같은 착각입니다.

7월 13일

몸을 위해
마음을 더럽히는 건
어리석다

"채식주의자여서 고기는 절대로 안 먹어", "○○를 먹으면 무조건 건강해져"라며 건강을 유난히 신경 쓰는 사람이 있습니다.

이런 생각은 객관적인 사실이기보다는 개인적 신념으로, 이른바 망상 개념입니다. 주의라든가 개념에 발목이 잡히면 식사 때마다 몸에 큰 부담이 생깁니다.

음식에 대해서도 ○○주의를 만들거나 미식에 빠지면 집착과 혐오가 생겨 마음이 더럽혀질 수 있습니다. 몸을 유지하기 위해 마음을 더럽히는 건 무지하고 어리석은 일이 아닐까요.

7월 14일   남보다 대단하지 않다

회사에서는 업무 준비부터 업무 방식, 언어 사용법 등을 제대로 교육해야 합니다.
말투는 특히 조심해야 합니다. "해 줄 수 있나요?"와 "하세요"는 듣는 사람이 전혀 다르게 받아들입니다. 다른 사람의 마음에 상처를 주면 안 됩니다. 모든 생명체는 평등합니다. 상사라고 부하보다 대단하지 않습니다. '내가 더 대단해'라고 생각한다면 그것은 근거 없는 망상에 불과합니다.
착각은 금물입니다.

7월 15일   쓸데없는 지식은 목숨까지 위태롭게 한다

도움이 되는 지식은 보물이 되지만 아무런 쓸모가 없는 지식은 쓰레기입니다.

요즘 세상에는 TV나 인터넷(원문은 '주간지'이다 - 옮긴이)에 자극적인 정보가 흘러넘칩니다.

그런 정보는 욕망을 부추기고 불안을 불러일으키는 것에 불과한 쓸모없는 존재입니다.

괜한 지식은 쓸모없을 뿐 아니라 목숨까지 위협할 수 있습니다.

쓸데없는 생각이 도를 지나치면 과대망상으로까지 확대됩니다. 그러면 지금 해야 할 일에 소홀해지고 불안과 근심으로 가득한 삶을 살게 됩니다.

7월 16일   지식이 아니라 지혜

지식은 없으면 안 됩니다.

그런데 너무 많아도 곤란합니다.

지식은 늘면 늘수록 인생이 무거워집니다. 그리고 그 지식은 언젠가 사라져 버립니다.

없으면 안 되는 건 지식이 아니라 '지혜'입니다.

지혜란 그 순간 그 순간에 정확히 무엇을 해야 할지 눈앞에 번뜩이는 것입니다.

7월 17일   지혜는 늘 정답을 준다

지혜에는 주관이 없습니다. 주관이 없을 때 지혜가 나타납니다.

주관이 없으면 그곳엔 발생한 일만 존재합니다. 이때는 답이 하나밖에 없습니다. 다른 선택지는 없습니다. 그래서 지혜로운 사람은 늘 올바른 답을 제시합니다. 커피가 쏟아지면 '물걸레로 닦는다'가 정답일 테지요. 지식으로 생각하면 '지금 안 닦아도 된다'라든가 '그냥 두어도 괜찮다' 등 선택지가 여럿 나올 수 있습니다. 그런데 모두 유일한 정답은 아닙니다.

7월 18일 부처님이 고민하지 않는 이유

부처님이 평안한 마음을 유지할 수 있는 이유는 지혜가 있기 때문입니다.

부처님이 고민하지 않는 이유는 언제나 지혜가 담긴 정답을 가지고 계시기 때문입니다.

부처님은 어떤 일이 일어나도 두렵지 않습니다. 그 순간에 필요한 올바른 대응법이 번뜩이기 때문입니다.

지혜롭지 못한 사람은 무슨 일이 생기면 '어떡하면 좋지, 어떻게 해'라며 걱정부터 앞섭니다.

7월 19일 '얻은 세상'과 '된 세상'

지식은 언젠가 사라지지만 지혜는 사라지지 않습니다.
지혜는 주관을 없애야 나타납니다. 이는 특별한 무언가를 '얻은' 것이 아닙니다.
그저 '된' 세상입니다.
지식처럼 '얻은 세상'이면 무겁고, 지혜처럼 '된 세상'이면 무겁지 않습니다.

7월 20일

생각하지 않는 사람이 지혜로운 사람이다

이것저것 분별없이 생각하는 건 사실 생각하지 않는 것과 같습니다.

깊이 생각하고 있는 듯해도 그것만으로는 지혜로운 사람이라 할 수 없습니다.

지혜로운 사람은 답이 바로 보이기에 생각할 필요가 없습니다.

7월 21일 가장 잘 듣는 약은 자비와 지혜

마음의 완고함이라는 녹은 끊임없이 깨끗하게 없애 줘야 합니다. 방치하다간 점점 녹슬어 갑니다.
마음의 녹에 가장 잘 듣는 약은 자비와 지혜입니다.
자비와 지혜가 있으면 마음의 녹뿐 아니라 녹의 원인까지 깨끗이 없앨 수 있습니다.

7월 22일 지혜란 무의 상태

지혜란 특별한 무언가가 있는 상태가 아닙니다. 오히려 '무(無)'의 상태를 말합니다.

마음속에 특정한 가치판단이나 기준이 있으면 거기에 꼭 들어맞는 것만 보입니다. 특정한 지식에 얽매여 있다 보면 머릿속에 다른 것이 들어올 여유가 사라집니다.

머릿속이 빈 상태이면 그때그때 무엇이든 들어올 수 있고 이해도 빠릅니다.

나아가 지혜로운 사람은 얻은 것에 집착하지 않으며 그것을 가지고 다니지도 않습니다.

7월 23일   모든 개념에서 벗어나다

지혜롭다는 것은 마음속에 선입관이나 가치판단이 없고, 여러 개념으로 경직되어 있지 않은 상태입니다.
즉 모든 개념에서 마음이 해방된 상태를 말합니다.
가치판단이나 지식에 얽매여 있다 보면 마음은 유연성을 잃고는 딱딱하고 좁아집니다. 그 마음에는 새로운 것이 들어갈 자리가 없습니다.
지혜로운 사람의 마음에는 무엇이든 들어옵니다. 그 순간에 올바른 판단도 할 수 있습니다.
그렇다고 그것에 집착하지 않고 다시 '공(空)'의 상태로 돌아갑니다.

7월 24일　　　　지혜는
　　　　　　　　물과도 같은 것

얼음이나 눈은 형태가 있기에 다루기 어렵습니다. 물은 아무런 형태가 없기에 어떤 모양으로도 만들 수 있습니다.

지식이란 여러 가지를 배워 얼음처럼 모양으로 만드는 것을 말합니다. 얼음으로 만든 작품은 아름다워도 딱딱합니다.

지혜는 물과도 같은 것입니다. 기본 형태는 없으나 유연하게, 그때그때 제시되는 용기의 모양대로 만들 수 있습니다.

그래서 지혜로운 사람이 해결하지 못할 문제는 하나도 없습니다.

7월 25일   무명이 깨지다

캄캄한 방에 불을 켜면 방 안이 순식간에 밝아집니다.
이리저리 움직이며 하나하나 만져 보지 않아도 어디에 무엇이 있는지 한눈에 확 들어옵니다.
한곳에 서서 방 안에 있는 모든 물건의 리스트를 작성할 수도 있습니다.
이처럼 무명(無名. 진리를 모르는 상태 - 옮긴이)이 깨지고 지혜의 빛이 나타나는 상태를 부처님은 '깨달음의 경지'라고 말씀하십니다.

7월 26일 더 벌고 싶은 마음

특별한 이유도 없이 "돈, 돈" 거리는 사람은 위험합니다. 야무지지 못한 사람에게 돈이 생기면 도박이나 술에 빠지거나 쓸데없는 물건을 사들일 수 있습니다.

자연을 파괴하고 망치는 행위도, 그저 더 벌고 싶은 마음이 폭주하기 때문입니다. 이는 무시무시한 병과도 같습니다.

단순히 '돈 좀 벌어야겠다'가 아니라 구체적으로 지금 무엇이 필요한지 명확히 따져 봐야 합니다. 그러면 저절로 잘될 것입니다.

7월 27일 나는 어떤 사람인가

우리는 늘 '생각'이 앞섭니다.

생각하고 나서 말합니다.

생각하고 나서 행동합니다.

그래서 '나는 어떤 사람인가'라는 물음은 '나는 무엇을 생각하고 있는가'를 보면 답이 나옵니다.

어두운 생각을 많이 하면 사람도 어두워집니다. 추잡한 생각을 하다 보면 사람도 추잡해집니다.

밝은 마음으로 있다 보면 사람도 밝아집니다.

7월 28일 뭐라도 해야 한다는 조바심

생명은 목적도 없이 끊임없이 움직입니다.

늘 무언가를 찾고, 늘 돌아다닙니다. 가만히 있으면 괴롭기 때문입니다.

불안과 고통밖에 없으니까 뭐라도 해야 한다는 생각에 가만히 있지를 못합니다.

이것이 생명이라는 존재의 본질입니다.

이 불안과 고통이 사라진 상태가 바로 '깨달음'의 상태입니다.

깨달음의 경지에 이른 사람은 마음이 차분하고 평안합니다.

7월 29일   어떤 사람이 멋진가

행복해지는 지식을 가진 사람이 멋진 사람입니다. 지식의 양만 많은 사람은 도리어 성가시게 느껴집니다. 필요한 정보는 인터넷 검색을 통해 얼마든지 쉽게 손에 넣을 수 있습니다. 지식만 많다고 멋진 것은 아닙니다.

지식을 효과적으로 사용하는 요령을 가진 사람이 멋진 사람입니다. 모두가 그런 사람을 부러워합니다.

7월 30일　　　쾌락은
　　　　　　　　환각 속의 행복

술을 마시고 취하면 행복하다는 착각이 일어납니다. 마약을 복용하면 고통이 사라지고 망상에 빠져 행복하다고 착각합니다.

그래서 점점 더 의지하게 됩니다. 반대로 약발이 떨어지면 엄청난 고통을 느끼게 됩니다. 마약에 빠지면 헤어 나오기 힘든 이유입니다. 결국 폐인이 될 때까지 끊지 못합니다.

술이나 마약으로 얻을 수 있는 것은 잠시나마 고통을 잊게 해 주는 쾌락뿐입니다.

쾌락은 착각, 환각 속의 행복이며 사람을 파멸로 이끕니다.

7월 31일   매일 공부하는 사람

다른 사람에게 한마디 듣고 화가 나는 이유는 내가 옳다고 생각하기 때문입니다.

모른다고 생각하면 "어떻게 하면 되나요. 알려 주세요"라고 솔직하게 물어볼 수 있습니다. 그러면 누구라도 친절하게 가르쳐 줍니다.

자신의 미숙함과 무지함을 아는 사람은 매일 공부합니다. 인간관계도 점점 원만해집니다.

8월

세상 사람들은 자기 주관에 얽매이고,
집착하고, 버리지 못하지만,
우리는 자기 주관에 얽매이지 말고,
집착하지 말고, 쉽게 버릴 수 있도록 준비하자.

중부경전 8 『삭감경』 중

8월 1일 '원인과 결과의 법칙' 대로 된다

우리가 하는 일이 잘 풀릴지 어떨지는 아무도 모릅니다. 잘 되거나 잘 안 되거나, 혹은 성공과 실패는 객관적이지 않고 주관적입니다.

모든 것은 인과법칙 아래에서 움직이고 있으니 좋은 결과를 원한다면 원인을 조절해야 합니다. 원인에 맞춰 결과가 나타나는 것이지 기대한 대로 결과가 나오지 않습니다. 사과 씨앗을 심어 놓고는 복숭아가 먹고 싶다는 꼴입니다. 이루어질 수 없는 희망사항입니다.

원인을 무시한 채 결과가 좋게 나오기만을 기대하는 건 잘못입니다.

8월 2일 '내가 옳다'라는 병

'내가 옳다'라는 마음이 분노며 질투, 우울함, 거만함, 우쭐함과 같은 온갖 감정을 만들어 냅니다.
그 마음이 다양한 문제를 낳습니다.
'내가 옳다'라는 생각은 객관적이지 않습니다. 자기중심적인 무서운 사고에 불과합니다.
그런데 우리 모두 '내가 옳다' 병에 걸려 있습니다.

8월 3일 해결하지 못할 문제는 하나도 없다

모든 일은 일어날 운명이기에 일어납니다.
그런데 우리 자아는 일으키려 하고, 저지하려 합니다.
그래서 문제가 생기는 것입니다.
자신이라는 틀에 갇힌 주관을 지우면 모든 것이 객관적으로 보이기 시작합니다.
그곳에는 그저 행위만 존재하기에 어려움 없이 정리할 수 있습니다.
객관적으로 볼 줄 아는 사람에게 해결하지 못할 문제는 하나도 없습니다. 그래서 우리는 주관을 버리고 객관적으로 봐야 합니다.

8월 4일 이 세상에서 살아남으려면

우리는 매사 주관적으로 바라봅니다. 주관적으로 보면 나만의 세계에 갇혀 버립니다.

그러면 이 세상에 대립하는 형태로 살아가게 됩니다. 사람은 세상과 대립해선 안 됩니다. 대립하는 사람은 반드시 지게 되어 있습니다.

그래서 '내 생각이 정답이야'라는 주관적인 태도로 사는 사람은 이 세상에서 살아남기 어렵습니다.

8월 5일

억지로 잘되려고 하면 도리어 나빠진다

자신을 가치판단하며 좋은 사람이 되려고 하면 마음대로 잘되지 않습니다.

내가 주관적으로 나를 판단하는 것이기에 객관적이지 못하니 판단 자체가 정확하지 않습니다. 그러다 보면 자기혐오에 빠지거나 거만해집니다.

잘되려고 시도한 것이 역효과를 낳을 때도 종종 있습니다.

좋은 사람이 되려면 먼저 자신을 가치판단하는 습관부터 버려야 합니다.

8월 6일   '행위'만 존재한다

자신을 판단하려고 해도 판단의 대상인 '나'는 사실 존재하지 않습니다.
존재하는 것은 오로지 '행위'입니다.
'나'라고 부르는 존재는 걷고, 말하고, 생각하고, 먹는 등 무수의 연속된 행위입니다.
그 어디에도 '나'는 존재하지 않습니다.

8월 7일   그대로 행위로 느끼다

걷고, 말하고, 자고, 생각하고, 먹는 등의 행위를 그대로 행위로 느껴 보세요.
아무런 판단도 하지 않은 채—.
그러면 지금까지 나를 성가시게 해 온 인생 문제가, 하나씩 너무도 쉽게 해결됩니다. 인생이란 웃음이 나올 정도로 지극히 심플하다는 사실을 깨닫게 됩니다.
그리고 마음은 궁극적으로 깨끗해질 것입니다.

8월 8일

착각을 무너뜨리고 자연체로 살기

자아는 착각의 산물입니다.

이 사실을 깨달은 사람의 마음은 상상하지 못할 정도로 가벼워집니다. 말로는 표현하지 못할 정도로 말입니다.

'무아'를 깨달으면 모든 일에 '좋다, 싫다, 괴롭다, 힘들다' 같은 판단을 하지 않게 됩니다.

그러면 하루 종일 기분 좋게 보낼 수 있습니다. 억지로 몸과 마음을 괴롭게 하는 일도 없고, 게으름을 피워 나중에 힘들어지는 일도 없습니다.

자아가 없음을 깨우친 사람은 있는 그대로의 모습으로 누구보다 최고의 역할을 해내게 됩니다.

8월 9일　　　　나도 남도 없다

주관이 없는 사람만이 객관적이고 보편적으로 판단할 수 있습니다.
주관이 없는 사람에게는 나도 남도 존재하지 않습니다.
자연법칙 속에서 일어나는 연속적인 '행위'만 존재할 뿐입니다.

8월 10일　　　　정답은 하나뿐

주관적으로 일을 해결하려고 해도 불가능합니다.

어떤 문제가 생겼을 때 우리는 각자 주관적인 해결책을 생각해 냅니다. 그러나 한 가지 문제에 정답이 수없이 많을 리는 없습니다.

정답은 하나뿐입니다.

그 정답을 찾으려면 '주관'이라고 하는 나만의 세계를 벗어나야 합니다.

8월 11일 주관을 없애면 지혜가 생긴다

지혜란 어떤 때에 생겨날까요.

바로 주관을 없앴을 때 지혜가 생깁니다.

이는 모종의 견해, 기준, 방식, 입장 등이 일절 없이 마음이 해방된 상태를 말합니다.

공기를 떠올려 보세요. 아무런 모양도 없고 어떠한 저항도 없이 자유롭게 어디든 들어갈 수 있습니다.

지혜도 마찬가지입니다. 삶에서 일어나는 그 어떤 문제도 다 해결해 줍니다.

8월 12일   의견 대립은 싸움의 근원

논쟁이란 여러 의견을 가지고 다투는 것을 말합니다. 치열한 논쟁 끝에 결론에 이르렀다고 가정해 봅시다. 그런데 그 결론도 사실 '또 하나의 의견'에 지나지 않습니다. 머릿속에서 기존의 생각이 사라지고 새로운 생각이 등장하는 것뿐입니다.

부처님께서는 "논쟁을 통해 궁극적인 진리에 이르는 것은 불가능하다"라고 말씀하셨습니다.

그뿐 아니라 논쟁의 싹이 되는 '의견 대립'은 부부싸움에서 국가 간 전쟁까지 온갖 다툼의 근원이라고 경고하셨습니다.

우리는 논쟁이 가지고 있는 한계와 높은 위험부담에 관하여 제대로 이해해야 합니다.

8월 13일   마지막에는
             인격자로 죽는다

아무리 많이 배워도 사람은 결국 나이를 먹고 죽습니다. 그렇다고 심심풀이로만 배우는 것은 아깝습니다. 삶에 도움이 되지 않는 것은 배울 필요가 없습니다.

인격이 향상되기 위한 배움은 온전한 내 것이 될 것입니다. 잃어버릴 일도 없고, 살아가는 데 도움이 될 것입니다.

인격이 향상되기 위한 배움을 꾸준히 이어 가면, 변변치 못한 인간으로 태어났더라도 죽음을 맞이할 때는 위대한 인격자가 되어 있을 것입니다.

8월 14일   세상에
            문제가 많다고
            지적하는 사람

'이 세상에는 문제가 너무 많아…'라고 지적하는 사람이 있습니다.

그런데 이 세상에 문제가 아닌 일이 하나라도 있을까요.

자세히 살펴보면 나도 문제고 여러분도 문제입니다.

이 세상에서 일어나는 모든 일이 문제입니다.

숨을 들이마실 때 먼지나 세균도 함께 들이마시게 되니, 호흡 한 번 하는 것도 문제입니다.

모든 현상이 문제입니다.

이 세상 모든 게 문제인데 문제가 많다고 지적할 필요가 있을까요.

8월 15일　　　문제라는 바다에 표류 중

한 가지 문제가 다른 문제에 대해 "그건 문제다"라고 말할 수 없습니다.

애초에 우리는 문제라는 바다에 표류하고 있는 것과 같습니다.

문제 유무와 상관없이 '내가 존재한다'라고 생각하는 것이 진짜 문제입니다.

8월 16일 문제를 일으키는 '나'라는 환각

이 세상은 문제투성이여서 손을 쓸 수가 없습니다. 문제 외에는 아무것도 존재하지 않습니다.

그러나 우리는 문제 유무와 상관없이 '나가 존재한다'라고 착각하고 있습니다.

'내가 존재한다'라는 환각이 현실을 공격해도 현실은 변하지 않습니다.

'나'라는 환각을 먼저 부숴야 합니다.

8월 17일   존재하는 것은 문제뿐

이 세상에서 지금까지 계속 문제를 해결하지 못하고 있는 이유는 우리 모두가 주관적이기 때문입니다.
매사 주관적으로 바라보기 때문에 생각을 거듭해도 해결되지 않습니다. 주관이란 자기만의 취향 같은 것이니까요.
내 문제든, 남의 문제든 주관을 없애면 지극히 객관적인 '문제'만 남습니다.
그곳에는 나도, 남도 존재하지 않습니다.
그게 가능해지면 해결책은 저절로 생겨날 것입니다.

8월 18일 있는 그대로의 사실로 다툼을 없애다

모든 것을 있는 그대로 바라보면 진리는 하나라는 사실을 깨닫게 됩니다.

모든 생명체는 자신만의 관점을 가지고 있습니다. 그래서 수많은 지식이 나타납니다. 모두 "나에게는 이렇게 보였다"라고 말하는 셈입니다.

그러면 진리에 도달할 수 없습니다.

우리가 반드시 알아야 하는 것은 있는 그대로의 사실입니다. 있는 그대로의 사실을 알게 되면 모든 다툼이 사라집니다.

8월 19일   숲의 진짜 모습을 보다

뭔가를 찾을 목적으로 숲에 들어가는 사람에게는 숲의 진짜 모습이 보이지 않습니다.

버섯을 찾으러 숲에 들어간 사람은 나무 아래에 붙어 있는 버섯에만 관심이 있기에 숲이 보이지 않습니다. 그리고 버섯을 하나도 발견하지 못하면 허탕을 쳤다며 아쉬워합니다. 이 사람에게 숲은 보이지 않습니다.

아무런 선입관 없이 숲에서 시간을 보내는 사람은 동물, 식물, 그 외 다양한 생명체가 눈에 들어옵니다. 숲의 모습을 알고 돌아가는 셈입니다. 이것이 선입관이 있는 사람과 없는 사람의 차이입니다.

8월 20일 '이건 뭘까?' 늘 탐색하기

선입관이 없는 사람은 '이건 뭘까?'라며 늘 탐색합니다. 그러면 삶도 즐거워지고 이해력도 점점 높아집니다. 선입관이 없는 사람은 언젠가 모든 것의 참된 모습을 깨닫게 될지도 모릅니다.

8월 21일　　　기쁨과 슬픔을 초월한 상태

집착하지 않으면 크게 기쁠 일도 없고, 크게 아쉬워할 일도 없습니다. 그저 묵묵히 지냅니다.

이는 기쁨과 슬픔을 초월한 상태입니다. 산꼭대기에 올라 지상에 있는 사람들을 내려보는 듯한 느낌입니다.

집착하지 않는 사람은 어린아이가 흥분해서 시끄럽게 구는 모습을 조용히 바라보는 듯한 느낌입니다. 아이처럼 크게 기뻐하거나 풀이 죽는 모습을 보이지 않습니다.

8월 22일 늘 '객관적인 사실'을 바탕으로

부처님의 설법은 '내 말을 믿어라', '믿지 않으면 천벌을 받을 것이다'와 같이 협박하는 말씀이 아닙니다.
'이건 나쁘니까 하지 말거라', '이렇게 해라, 저렇게 해라'라고 명령하는 것도 아닙니다.
설법에 의문을 던지는 사람이 있어도 나무라시지 않았습니다.
언제나 '객관적인 사실'을 바탕으로 설법을 들려주셨습니다.

8월 23일　　　종착점은 어디인가

인간은 불완전한 존재입니다.

불완전하기에 조금씩 발전해 나가야 합니다.

발전은 언제까지 하면 될까요.

'더 이상 발전할 수가 없다'라고 스스로 깨달은 시점이 바로 종착점입니다.

8월 24일 나는 불완전하다

인간은 '나는 완전하다', '내가 하는 일은 틀리지 않았다'라고 생각하는 경향이 있습니다.
그래서 실수하고 실패하면 '난 안 돼'라며 기가 죽거나 파괴적 행동을 보이고, 남의 탓으로 돌리며 비난합니다.
그러나 '나는 불완전하다'가 진리입니다.

8월 25일   나는 늘 실패한다

스스로 불완전한 인간이라는 사실을 깨달으면 늘 조심하게 됩니다.

'나는 불완전하니까 언제든지 실패든 실수든 할 수 있어'라고 깨우치면 항상 신중을 기하며 살아가게 됩니다.

'나는 불완전하다'라고 자각한 사람은 '완전'에 이르는 길을 걸을 수 있습니다.

8월 26일 자기 잘못을 인정할 줄 아는가

어떤 사람이 범죄를 저질렀다고 해서 엄격하게 비난하는 것은 무의미한 행동입니다. 왜냐하면 사람은 누구라도 잘못을 저지르기 때문입니다.

불완전한 우리는 아무리 열심히 노력해도 어딘가에서 반드시 실수를 저지릅니다.

중요한 것은 자기 잘못을 인정하는 것입니다. "제가 실수했습니다. 대단히 죄송합니다"라고 분명히 인정하는 사람은 똑같은 실수를 반복하지 않습니다

그 사람에게는 실수할 때마다 성장할 수 있는 길이 열릴 것입니다.

8월 27일 나는 변변치 못하다

'인간은 대단하다, 존경스럽다'라는 생각보다 '우리 인간은 변변치 못한 존재다'라고 생각하는 것부터 시작하는 편이 좋겠습니다.

'인간은 부족하고 한심한 존재'라고 생각하지 않으면 우리는 점점 거만해지고 함부로 남의 권리나 목숨을 빼앗을 수도 있습니다.

'애초에 난 한심한 존재다'라고 생각하는 사람은 좋은 인간이 되기 위해 매일매일 노력할 것입니다.

8월 28일   마음은 편한 쪽부터

마음은 늘 편한 쪽을 고릅니다.

마음은 익숙한 쪽, 습관이 된 쪽, 쉽게 할 수 있는 쪽을 먼저 선택합니다.

마음이라는 것은 엄격하게 관리받을 때는 얌전하게 있다가도, 틈이 생기면 편한 방향으로 내달리는 습성이 있습니다.

마음은 쉽게 더러워집니다. 그래서 자유가 주어지면 자꾸만 나쁜 짓을 하려고 합니다. 인간은 가만히 내버려두면 극악무도한 상태로 생을 마감할지도 모릅니다.

8월 29일　　게으름을 끊어 낸 순간부터

인간은 애초에 게으름쟁이입니다.

'돈은 필요하지만 일은 하기 싫다'라고 말하는 사람이 있습니다. 일을 요청받을 땐 기쁘지만 금세 괴로워집니다. 게으른 마음 때문입니다.

즐겁게 살아가고 싶다면 게으른 마음을 끊어 내야 합니다.

게으른 마음을 끊어 낸 순간부터 인생은 훨씬 즐거워집니다.

8월 30일 간결하게 말하려면

상사에게 보고할 때는 최대한 간결하게 말해야 합니다. 요점은 없으면서 한없이 늘어지는 이야기를 듣다 보면 짜증이 납니다. 상사 입장에는 괜히 시간만 빼앗겼다는 생각이 들 것입니다.

주관적인 설명은 빼고 객관적인 사실만 간결하게 전달하면 상대방이 판단하는 데 도움이 됩니다.

8월 31일　　주관적인 사고를 멈추면

간결하게 말하려면 머리로 생각하는 것을 멈추면 됩니다.

이것저것 생각한 끝에 말하려고 하면 말이 깔끔하게 정리되지 않습니다. 생각을 많이 하면 정신적으로 피로해져 좋은 결과를 내기 힘들고, 이는 시간 낭비로까지 이어집니다.

주관적으로 생각하다 보면 정리가 되지 않아 말이 간결하게 나오지 않습니다. 감정적인 사고를 멈추면 만물이 깔끔하게 정리됩니다.

9월

오늘 힘써 정진해야 한다. 내일 죽을 줄 누가 알겠는가.
그러므로 죽음의 대군 앞에서도 우리는 괴롭지 않다.
밤낮으로 게으름 없이 살며 정진한다.
이것이야말로 '매일 좋은 날'이라고,
고요한 성자 석가모니께서 가르치셨다.

중부경전 131 『일일시호일경』 중

9월 1일   바라는 것보다
                      더 중요한 것

사람들은 대부분 마음속에 바라는 바가 있으면 멋지다고 생각합니다.
그러나 그렇지 않습니다.
바라는 바가 있다는 말은 현재의 나 자신이 만족스럽지 못하다는 의미입니다.
미래를 향한 희망사항보다는 '현재의 내가 할 수 있는 일'을 생각하는 편이 바람직합니다. '현재의 나를 향상하는 방법'이 중요합니다.
현재에 충실한 삶을 살다 보면 원래 바라던 것보다 더 좋은 결과가 나올 수도 있습니다.

9월 2일

지금 무엇을 하고 있는가

'행위'와 '결과'는 우주의 법칙입니다.

'행위'가 먼저이고 '결과'는 나중입니다.

'현재'는 언제나 '과거'의 결과입니다.

결과가 이미 나온 셈입니다. 그러니 더 이상 근심할 필요가 없습니다.

지금 무엇을 하고 있는지에 따라 다음 결과가 달라집니다.

'지금' 잘하고 있다면 다음번에 반드시 좋은 결과가 나올 것입니다.

9월 3일   인생이란
         순간순간의 연속

인생이란 순간순간의 연속입니다. 우리는 순간순간에만 살 수 있습니다.

지금, 이 순간에 해야 할 일은 늘 '구체적'입니다.

남의 이야기를 듣는 일, 또는 물건을 정리하는 일과 같이 언제나 '구체적'으로 존재합니다.

지금 이 순간에 해야 할 일을 정확히 알고, 그 일을 제대로 하면 됩니다. 그러면 우리 인생은 아무런 문제 없이 술술 풀릴 것입니다.

9월 4일   지금 해야 할 일만 하기

당장 지금에만 집중하여 지금 해야 할 일만 하면 인간에게 불가능한 일이란 하나도 없습니다.

극복할 수 없는 고통은 없습니다. 지금을 충실히 살아가는 사람은, 근심도 없고 실패도 없으며 오로지 만족감만 있습니다.

9월 5일   앞으로 무엇을 어떻게 하면 되는지

실패한 일에 대해 왜 이렇게 됐는지 아무리 생각한들 의미가 없습니다.
이미 벌어진 일이기 때문입니다.
중요한 것은 '앞으로 어떻게 하면 되는지', '다음번에 무엇을 하면 되는지'를 생각하는 것입니다.

9월 6일   항상 구체적이고 단순하다

지금 해야 할 일은 '구체적'이며 매우 단순합니다.

그래서 끝까지 해낼 수 있습니다.

반드시 완성할 수 있습니다.

지금을 살아가는 사람은 자신의 인생 자체를 완성할 수 있습니다.

9월 7일   행위 자체를 즐기는 사람이 될 것

사람은 '결과를 즐기는 사람'과 '행위를 즐기는 사람'으로 갈립니다.
결과란 어떻게 될지 아무도 모릅니다.
결과보다도 행위를 즐겨야 합니다. 그러면 모든 일을 즐겁게 할 수 있습니다.
행위 자체를 즐기면 실패로 끝나는 일도 거의 없습니다. 무조건 좋은 결과가 나옵니다.

9월 8일   결과는 순간이고, 행위는 지속된다

결과를 신경 쓰는 사람은 일을 잘하기가 어렵습니다. 스포츠에서도 머릿속에 우승만 있다면 선수는 시합 내내 괴로울 것입니다.

매일 하는 연습을 즐깁시다. 그러면 이기그 지고는 크게 상관없습니다.

결과는 순간으로 끝나기에 이미 지나간 과거가 됩니다. 그러나 행위는 오래 지속됩니다. 그 행위를 기꺼이 즐길 줄 아는 사람이 됩시다.

9월 9일   결과보다 행위를 생각할 것

내가 최선을 다해 열심히 했다면 그것이 결과입니다.
스스로 가능한 범위 내에서 할 수밖에 없기에 결과가 어떻게 나왔든 받아들이면 됩니다.
결과를 생각할 것이 아니라 행위를 생각해야 합니다.
실패가 잦은 사람은 결과만 생각하는 사람입니다.

9월 10일 순진무구한 아이처럼

어린아이를 떠올려 보세요. 셔츠 단추를 끼웠다며, 혼자 신발을 신었다며 소소한 일에도 기뻐 날뛰는 모습을 보신 적이 있을 겁니다.

우리도 매일 일어나는 일에 대해, 아이가 처음 성공했을 때처럼 만족감과 성취감을 얻을 수 있다면 즐겁고 밝게 살아갈 수 있습니다.

9월 11일   어떤 상황에서도
                      즐거움을 찾아볼 것

갑자기 재밌는 곳에 가서 놀고 싶다는 생각이 들었다고 가정해 봅시다.

계획을 세울 때는 즐겁습니다. 친구한테 함께 가자고 물어볼 때도 즐겁고, 놀이기구 탈 때도 즐겁습니다. 중간에 먹을 때도 즐겁고, 볼거리도 많아 즐겁습니다. 가는 길도 신납니다. 목적지에 도착하면 또 즐겁습니다.

그런데 계획대로 되지 않았을 때도 즐거움을 찾을 줄 알아야 합니다.

기대가 모두 사라져도 다른 즐거움을 찾을 수 있다면, 진정으로 즐길 줄 아는 자가 되는 셈입니다.

9월 12일 가장 짧은 단위로 자를 것

심플하게 사는 게 의외로 쉽지 않습니다.

왜냐하면 과거를 되돌아보고, 미래를 걱정하다 보면 지금 어떻게 살면 좋을지 잘 모르기 때문입니다.

그럴 때는 해야 할 일을 '작은 단위로' 잘라 보면 좋습니다.

'10분 동안 해야 할 일'

'30분 동안 해야 할 일'

이렇게 짧은 단위로 자르다 보면 바로 쉽게 할 수 있는 일이 눈에 보일 겁니다.

9월 13일   한 가지 일에 충실할 것

하루를 통으로 보지 말고 작은 단위로 나눠 보면 삶이 굉장히 심플해집니다.

'이 순간에 할 일'이 연속으로 이어지면서 오늘 하루를 살아갑니다.

지금 책을 읽기로 했으면 괜히 다른 생각은 하지 말고 독서에 집중하면 됩니다.

지금 하던 일이 끝나면 그다음 할 일을 합니다. 예를 들면 요리에 집중하다 끝나면 이번에는 청소를 열심히 합니다.

그러다 보면 모든 일을 영리하게 처리할 수 있게 됩니다.

9월 14일   딱 10분만 성공하면 된다

'평생 성공하고 싶다'라든가 '10년 투자해서 성공해야지'와 같이 계획을 세우면 힘든 길을 걷게 됩니다. 마치 마음에 추를 단 듯한 기분이 듭니다.

성공하고 싶다면 '딱 10분만' 제대로 노력해 보면 됩니다.

'딱 10분이면 제대로 할 수 있을 것 같아', '10분만 집중해서 진짜 열심히 해 보자'와 같은 마음이 들 것입니다. 그 10분이 끝나면, 그다음 10분도 열심히 하면 됩니다.

9월 15일 실패하지 않는 사람

이를 닦고 얼굴을 씻고, 요리해서 먹고, 지하철을 타고 출근— 이렇게 너무도 단순한 일과를 묵묵히, 조용히 수행하는 사람.

과거나 미래에 관한 생각으로 머리를 어지럽히지 않고 조용히 미소 지으며 루틴대로 행동하는 사람.

이런 사람은 인생에서 실패하는 일이 없습니다.

9월 16일 실패를 만회하려고 하면 또 실패한다

실패한 게 속상하고 화가 나, 다음번에는 무작정 열심히 하겠다는 사람이 있습니다.

그런데 그런 사람은 다음번에도 실패할 것입니다.

속상함과 분노로 인한 에너지는 성공의 밑바탕이 되기 어렵습니다. 실패를 만회하겠다는 마음가짐이면 또다시 실패할 확률이 높습니다.

우선 지금 해야 할 일에 집중하는 사람이 됩시다. 그런 사람이 성공의 길을 걷게 될 것입니다.

9월 17일 되돌릴 수 없는 일

누구나 살면서 '대실패' 또는 '되돌릴 수 없는 일'을 경험합니다.

과거를 되돌아보고 실패한 경험만 떠올리며 자신을 '실패만 하는 쓸모없는 인간'이라 치부하는 사람도 있습니다.

하지만 결코 인생이 실패한 것은 아닙니다. 단지 개념에 사로잡혀 그렇게 믿고 있을 뿐입니다. 비관적인 사고 패턴에 빠져 있기 때문입니다.

실패는 작은 단위, 순간순간에 일어나는 일 중 하나에 불과합니다. 그래서 지금에 충실하면 실패하지 않습니다.

9월 18일 '지금'을 실패하지 않는 방법

실제로 존재하는 것은 '지금'뿐입니다. 과거도 미래도 존재하지 않습니다.

늘 '지금'밖에 없습니다.

그래서 '지금'을 실패하는 사람은, 순간순간의 작은 실패를 반복하며 결국 계속 실패하게 됩니다.

그래서 '지금'을 실패하지 말아야 합니다. 그러면 다 해결됩니다.

그러려면 '지금'에만 집중하는 힘을 길러야 합니다.

9월 19일   단순한 게
　　　　　　　　　　재미없는 이유

어릴 적 옛날이야기나 상상 속 이야기를 들으면 굉장히 재밌었습니다. 그 마음은 어른이 된 지금도 여전합니다.

그래서 늘 철학이니 우주니 하며 현실에는 없는 낭만을 찾아 헤맵니다.

인간은 망상하는 게 낙입니다. 그래서 단순하고 밋밋한 인생은 재미없습니다.

환상의 세계에 갇히면, '지금 이곳'의 인생은 실패로 끝나게 됩니다.

9월 20일   평생 지루하게
            살고 싶은가

아침부터 저녁까지 반복되는 일상의 단순한 작업은 대부분 따분해합니다.

하지만 그것을 따분한 일이라고 단정 지어 버리면, 평생 지루한 삶을 살게 됩니다.

단순한 일이라도 멋지게 해내면 기분이 날아갈 듯합니다. 그리고 아주 쉽게, 만족스러운 삶을 살 수 있습니다.

9월 21일 문제가 생겨도 그 순간만의 일

지금에 충실하면 고통이 생겨도 아무렇지 않게 즉각 대응할 수 있습니다.
설사 문제가 생겨도 그 순간만의 일이기에 금방 해결할 수 있습니다.
걱정하거나 낙심하거나 집착할 틈이 사라집니다.
살아가는 것이 고통이라 할지라도 그 순간에 잘 대응하면, 늘 만족스럽게 살아갈 수 있습니다. 그곳에는 상상을 초월하는 평안함과 안온함이 있습니다.

9월 22일 '지금' 행복해지는 길밖에 없다

'지금 고생하면 나중에 행복해질 거야'라는 생각에는 사실 행복해진다는 보장이 없습니다.
'지금' 행복해지는 길밖에 없습니다.
지금 여기에서 행복을 찾은 사람은 다음 순간에도 행복해지는 방법을 알고 있습니다.
그 사람은 긴 노력의 대가를 기다릴 필요도 없이, 이미 행복을 손에 쥐고 있습니다.

9월 23일   순간순간 행복을 잡을 것

'오늘 행복해질 거야', '지금 이 순간에 행복을 얻을 거야'라며 순간순간 행복을 잡는 것이 부처님이 제시하는 길입니다.

'지금, 조금이라도 마음을 더럽혀서는 안 된다'라며 자신을 격려합시다. 순간순간 마음이 깨끗하도록 노력하며, 궁극적인 행복으로 이어지는 부처님의 길을 걸어갑시다.

9월 24일   '지금'이 처리할 수 있는 부분

'지금'은 인간이 반드시 처리할 수 있는 부분입니다.

'지금'은 그다지 크지 않습니다.

금방 사라집니다.

감당하지 못하거나 극복할 수 없는 '지금'이 찾아오는 것은 아닙니다.

'지금'을 온전히 살아가면, 이 순간에 마음이 더럽혀지지도, 죄를 짓지도, 실패하지도 않고 살아갈 수 있게 됩니다. 인생이 매우 단순해집니다.

9월 25일   빈틈없이 제대로 해 나갈 것

충실히 산다는 것은, 매 순간 해야 할 일을 제대로 해내는 것을 말합니다.

예를 들어 청소를 할 때 제대로 완벽하게 해 보는 겁니다. 특별한 의미가 없어도 괜찮습니다. 옷을 갤 때도 반듯하게 딱 맞춰 접습니다. 바로 입고 나갈 옷이든, 세탁기에 넣을 옷이든 상관없습니다.

그때그때 불평하지 않고 빈틈없이 제대로 해내면 허무하거나 아쉬운 마음은 생기지 않습니다.

그러면 인생이 조금씩 즐거워질 것입니다.

9월 26일 　　'언젠가' 그리고 '지금'

우리는 좋은 일이면 '언젠가' 하겠다고 생각합니다. '조만간', '나중에' 하겠다며 미루곤 합니다.

나쁜 일은 당장 할 수 있습니다. '지금뿐이니까'라고 합리화하며 해 버립니다.

좋은 일은 '언젠가' 하겠다는 생각이지만 그 '언젠가'는 결국 오지 않습니다.

9월 27일 　　좋은 일은
　　　　　　　　살아 있는 동안에

'좋은 일'을 안 하고 싶은 건 아닙니다. 다만 '오늘은 쉬고 내일부터 하자'라는 마음이 생기니 '좋은 일'을 실행하기가 쉽지 않습니다.

하지만 우리는 언제 죽을지 모릅니다. 좋은 일은 살아 있는 동안에 해야 합니다.

그러니 좋은 일은 '지금' 하고 나쁜 일은 하지 맙시다. 곧 죽어도 나쁜 일을 하고 싶다면 '언젠가' 하면 됩니다.

9월 28일 실패와 성공 모두 작은 단위로

우리가 하는 행동은 순간순간 작은 단위로 연결됩니다. 실패와 성공 모두 작은 단위의 순간에서 일어납니다. 그래서 순간순간의 작은 단위에서 신중하게 행동하면 실패를 피할 수 있습니다. 머지않아 성공할 수도 있습니다.

사람은 순간의 작은 행위를 귀하게 여기지 않고 무시합니다. 그것이 대실패의 근원으로 작용합니다.

9월 29일   현재의 1초와 과거의 1초

지금까지 살아오면서 가장 행복했던 순간은 언제인가요. 반대로 가장 불행했던 순간은 언제인가요.
각자 다른 순간이 떠오를 것입니다.
하지만 인생에는 소중한 시간도, 하찮은 시간도 따로 존재하지 않습니다. 그렇게 구분하는 것 자체가 말이 되지 않습니다. 인생을 하나의 시간축으로 놓고 봤을 때 우리는 1초씩 계속 나이를 먹어 가고 있습니다. 현재의 1초와 과거의 1초는 동격입니다. 똑같은 가치를 지닙니다.
지금 살아가는 매 순간이 소중합니다. 어떤 1초도 하찮게 여길 수 없습니다.

9월 30일   인생이라는 회수권

인생의 한 장면을 생각하며 "그때 즐거웠는데", "열심히 살았지", "행복했어" 같은 말을 합니다. 그렇지 않은 순간에는 허무하다 느끼며 살아갑니다.

사람의 수명은 초 단위로 계산할 수 있습니다. 그렇게 생각하면 인생이란 1초마다 회수권이 한 장씩 줄어드는 셈입니다.

그래서 특정한 1초만 가치가 있다고 할 수 없습니다. 특정한 순간이 인생 최고의 순간이었다는 이야기도 성립되지 않습니다.

그렇다면 모든 1초를 똑같이 소중히 여긴다면 엄청나게 좋은 결과를 맞이할 것입니다.

10월

칼라마인들이여,
이들 법(가르침)이 선하며 결점이 없고,
식자가 칭찬할 만하며,
이를 전부 실천하면 유익하고
평안해진다는 사실을
스스로 알게 되면
그때 이들 법(가르침)을 배우고 실천하라.

증지부경전 3집 『칼라마경』 중

10월 1일

일류기업은 언젠가는 일류가 아니게 된다

취직할 때 회사의 미래는 어느 정도 예측할 수 있지만, 실제로는 거의 맞지 않습니다.

연봉이 높다든가, 휴가를 많이 준다든가, 유명한 곳이라는 등 정확하지 않은 정보가 많습니다.

유명하다던 회사도 점점 유명세를 잃어 가고, 일류기업은 어느새 일류의 자리에서 내려옵니다. 또는 동료들이 뛰어나 내 자리를 잃기도 합니다.

회사를 선택할 때는, 나를 향상시키고 개발시킬 수 있는 곳인지를 가장 먼저 살펴봐야 합니다.

10월 2일 　내가 발전할 수 있는가

회사를 선택할 때는 '내가 발전할 수 있는 곳'인지를 봐야 합니다.
내가 발전하고 향상되면 급여는 저절로 올라갑니다.
이런 곳이면 월급은 좀 적더라도 일하는 보람과 만족감을 얻을 수 있습니다. 돈보다 훨씬 가치 있는 기준입니다.

10월 3일   노를 끝까지 젓겠다는 각오

배우자를 선택할 때도 돈이나 외모가 아니라 '이 사람과 한 팀이 되어 잘 살아갈 수 있는지', '이 사람과 평생 함께 살며 나를 더 발전시켜 나갈 수 있는지'를 기준으로 삼아야 합니다.
그리고 같은 배를 탔다면 노는 끝까지 저어야 합니다.
인생에는 '끝까지 노를 젓겠다'라는 각오가 필요합니다.

10월 4일   이직이 고민될 때

다른 곳으로 이직하는 게 좋을지 고민될 때는 어떻게 하면 좋을까요.

지금 다니는 회사에서 이직을 적극적으로 만류한다면 다른 곳으로 옮겨도 잘될 것입니다.

반대로 나의 이직을 반기는 분위기라면 어딜 가서도 잘되기는 어려워 보입니다.

10월 5일   매일 나를
성장시킬 것

우리는 매일 자신을 성장시켜야 합니다.

느긋하게 쉬고 있을 여유가 없습니다. 죽는 순간까지 계속 배워야 합니다.

깨달음에 이르면 완료입니다. 쉬는 게 아니라 완료입니다.

하지만 나를 성장시키지 않으면 수억 년을 살아도 깨달음에 이를 수 없습니다.

10월 6일   어제보다 오늘,
더 나은 인간이 될 것

거창한 목표를 세우고 이루기 위해 애쓰기보다는, '어제보다 오늘 더 나은 인간이 되자' 정도의 목표면 충분합니다.

어제와 오늘을 비교하는 것입니다.

그러면 성취감을 자주 느낄 수 있습니다.

하루에 한 발자국씩만 나아가면 됩니다.

인생이란, 결국 눈앞의 문제들을 하나씩 하나씩 해결해 나갈 수밖에 없기 때문입니다.

10월 7일 배움을 통해 인간이 되었다

막 태어난 호모사피엔스는 원숭이와 크게 다르지 않았습니다.
그러나 호모사피엔스가 다른 생명체와 구별된 점은 계속해서 학습해 왔다는 사실입니다.
배움을 통해 인간이 되었습니다.
배움을 통해 호모사피엔스가 인간으로 진화한 것입니다.
우리는 평생 배워야 합니다. 배움에 막힘이 생기지 않도록 합시다.

10월 8일   절대 잊어버리지 않는 배움

우리가 배우는 것은 욕심 때문이 아닙니다.

우리는 인격 향상에 도움이 되는 것들을 계속해서 배워 갑니다.

배움이란 마음의 공부입니다.

그런 배움은 단순히 지식을 습득하는 것이 아니기에 절대로 잊어버리지 않습니다.

10월 9일   선생님은 생명의 영양 자원이다

우리는 선생님께 배웁니다. 우리는 그렇게 배우며 행복에 이릅니다.
선생님은 살아가는 데 필요한 영양을 보급해 주십니다. 선생님께서 영양을 보급해 주시지 않으면 우리라는 존재는 풍성하게 열매를 맺지 못합니다. 이른바 선생님은 생명의 영양 자원입니다.

10월 10일   존경할 수 있는 선생님

존경할 수 있는 선생님이 있으면 좋겠다는 사람이 많을 것입니다.

그런데 학생들이 선생님을 존경하고 싶어도 그 선생님의 수준을 모를 때가 많습니다.

선생님에게는 가르칠 거리가 있습니다. 그런데 학생은 그렇지 않습니다.

이것이 선생님과 학생이라는 관계입니다.

존경할 수 있는 분인지는 차치하고, 일단 배워 봅시다.

성실하게 가르쳐 주신다면 훌륭한 선생님이라고 생각하면 됩니다.

10월 11일

사람이 바뀌지 않으면 아무것도 바뀌지 않는다

문명이 발전하면서 생활환경은 편리하고 쾌적해졌습니다. 다양한 문제에 대처하기 위해 법률을 제정하고 시스템을 만들었으나, 본질은 하나도 변한 게 없습니다. 그 이유는 결국 '사람'이 바뀌지 않았기 때문입니다. 환경이 아무리 바뀌어도 그곳에 적응할 수 있는 '마음'을 만들지 않으면, 결국 아무것도 바뀌지 않습니다.

10월 12일   환경이 아닌
          나를 바꿀 것

우리 인간은 더 행복하고 여유 있게 살고 싶다는 생각에 환경을 계속 바꿔 왔습니다. 지구 환경기 파괴 직전의 상태에 이르렀음에도 불구하고, 인간은 여전히 행복이나 평안을 느끼지 못합니다. 대신 환경 파괴 문제로 인해 새로운 위기감만이 생겨났을 뿐입니다.

환경이 아닌 나를 바꾸는 건 어떨까요. 어떤 상황에 놓여도 온화하고 행복하고 안온하게 지낼 수 있도록 말입니다. 환경을 바꾸는 것은 환경을 파괴하는 것입니다. 나를 바꾸는 것은 나라는 존재가 성장하고 발전하는 것입니다.

10월 13일　　　대지진을
　　　　　　　　　염두에 두고

일반적으로 우리는 다양한 시뮬레이션을 통해 예측 불가능한 사태가 일어났을 때를 대비합니다.
하지만 다양하게 대비를 한다고 해도, 대지진이 실제로 일어나면 어떻게 되는지 아무도 모릅니다.
모든 조건이 시시각각 변하기 때문입니다. 그래서 어떤 변화에도 즉각 대응할 수 있는 마음의 유연성이 대단히 중요합니다.

10월 14일   완고함이라는 녹

마음은 원래 완고하여 변화에 적응하지 못합니다. 그래서 마찰이 생기고 괴로워집니다.

완고함은 무지, 거만함, 자아, 분노, 탐욕, 질투와 같은 감정에서 만들어집니다.

그냥 두면 이들 감정에 '녹'이 슬면서 마음은 점점 더 완고해집니다.

그래서 마음은 절대로 그냥 두면 안 됩니다.

완고함이라는 녹이 슬지 않도록 마음을 깨끗하게 가꾸어야 합니다.

10월 15일   소원으로 삼아야 할 것

우리가 소원으로 삼아야 할 것이 있다면 그것은 '인격 향상'입니다.

어떤 일이 생겨도, 당시의 그 경험에서 무엇을 배울 수 있을지 생각하며 인격 향상을 위해 노력해야 합니다.

불행한 일이 닥쳐도, 실패해도, 그것을 내 인격 향상을 위한 자양분으로 삼읍시다.

그러면 세상 그 어떤 풍파를 만나도 냉정하게 대처할 수 있게 됩니다.

10월 16일　　　거대한 능력

인간에게는 거대한 능력이 있습니다.

그런데 우리는 그것을 발휘하지 못하고 있습니다. 그 이유는 자신이 자신을 제한하고 있기 때문입니다. 나아가 그 사실을 모릅니다.

다른 사람에게 자신을 맞추거나 성공한 패턴에 자신을 끼워 맞추려고 하면, 자신을 제한하게 되고 그 결과 능력이 발휘되지 못합니다.

10월 17일　　인격 향상은 내 과제

사람의 마음에는 거대한 능력이 있습니다.

그 능력을 얼마나 발휘할 수 있는지가 우리에게 주어진 과제입니다.

사람들은 대부분 사회가 만들어 놓은 패턴이나 안전한 노선 위를 걸으려고 합니다. 그러면 내 원래 능력을 발휘할 기회를 놓치게 됩니다.

아무리 안전한 노선 위를 걷는다고 해도 인격 향상은 결국 내 과제라는 사실을 잊으면 안 됩니다.

10월 18일   능력이 점점 발휘될 것이다

능력이라는 것은 언제나 다른 생명체와의 관계를 통해 성립됩니다.

아무리 가창력이 뛰어나도 아무도 없는 덤불 속에서 노래하면 아무런 의미가 없습니다. 능력은 듣는 사람이 있어야 비로소 발휘됩니다.

베토벤의 곡들도 이해하는 사람이 있기에 훌륭하다고 인정받을 수 있는 것입니다.

능력 개발에서는, 자신이 다른 생명체들과 어떻게 관계를 맺는지가 중요한 관점입니다.

'인간뿐 아니라 다른 생명체에게도 도움이 되고 싶은데… 나는 뭘 할 수 있을까?'라고 곰곰이 생각하다 보면 내가 가진 능력이 점점 발휘될 것입니다.

10월 19일 '무학'이란 배움을 완료한 사람

하나의 사고방식에 지나치게 매몰되어 배타적인 사람이 되면 안 됩니다.

매일 많은 것들을 배우고 마음을 열어 경험을 거듭하며 나를 성장시켜야 합니다.

끊임없이 배우다가 배움을 완료한 사람을 불교에서는 '무학(無學)'이라 부릅니다.

'무학'이란 깨달음을 얻은 사람의 경지를 나타냅니다.

10월 20일 가장 먼저 배워야 할 것

우리는 무엇을 배워야 할까요.

"뭐든 좋으니 일단 배우기 시작해"라고도 말할 수 있습니다.

그런데 인생은 짧습니다. 뭐든 배우려면 시간이 걸리고 배울 것도 끊임없이 생겨납니다. 그래서 필연적으로 무엇을 배울지를 선택해야 합니다.

그렇다면 인격 향상과 관련된 것을 먼저 배워 보면 어떨까요. 인격 향상을 위해 배운다는 것은 인생에서 상당히 이득이 되는 선택입니다.

10월 21일 　　　가장 존귀한 배움이란

공부는 왜 하는 것일까요.

첫째, 우리는 살아가기 위한 직업을 얻기 위해 공부합니다.

둘째, 배우지 않으면 동물과 다를 바 없습니다. 문화인, 사회인이 되기 위해 배웁니다.

셋째, 마음을 향상시키고 인격을 향상시키기 위해 공부합니다.

가장 존귀한 배움의 목적은 세 번째입니다.

10월 22일 사방으로 향기가 나는 꽃

무언가를 얻으면 반드시 역풍이 붑니다.

하지만 역풍이 불어도 절대로 잃어버리지 않는 것이 있습니다. 역풍으로 인해 오히려 향기가 나는 것이 있습니다.

그것은 '나와 늘 함께하는 것', '내게서 멀어지지 않고 하나가 되는 것'입니다.

과연 무엇일까요.

바로 '인격, 인덕'입니다.

'인격, 인덕'은 아무리 바람이 불어도 사방으로 향기가 나는 꽃과 같은 것입니다.

10월 23일   인격 향상

우리가 살아가는 목적은 무엇일까요.
그것은 바로 '인격의 완성'입니다. 완성된 인격은 절대로 잃어버리지 않습니다.
불교의 목적은 인격을 성장시키는 것입니다.
어떠한 행위를 하는 데 있어 돈벌이가 된다든가, 유명해진다든가, 유리해진다든가 이런 것들이 아니라, '인격이 향상되는지'를 기준으로 삼고 살아가야 합니다.

10월 24일　　쓸데없는 배우기

'재미있어서', '심심해서', '그냥 궁금해서'와 같은 이유로 배우는 것은 쓸데없는 배우기입니다.

이른바 심심풀이용, 시간 때우기용 배우기입니다.

그런 배우기는 일이든 인격 향상이든 아무런 도움이 되지 않습니다. 마음을 정화해 주지도 않습니다.

우리에게 그냥 때우기 위한 시간은 없습니다. 시간을 소중히 여깁시다.

10월 25일 배우면 안 되는 것

불교에서 봤을 때 배우면 안 되는 것이 분명히 있습니다.

1. 생명에 불행을 가져오는 기술
2. 자신의 마음에 분노, 증오, 질투와 같은 부정적인 감정을 늘리는 것
3. 마음의 안정, 평안을 깨는 것
4. 너무 광범위한 것

우주의 끝과 기원, 크기 등은 배워도 별로 쓸모가 없고 너무 광범위합니다. 이런 것들은 배우지 않는 게 좋습니다.

그보다도 '좋은 인간이 되는 방법'을 배우는 것을 권합니다.

10월 26일   자아를 위해 배우면 위험하다

인간은 자아를 키우기 위해 배우면 안 됩니다. 돈을 벌기 위하여, 높은 지위를 얻기 위하여 배우는 사람도 있습니다. 배운 지식은 그 사람의 자아를 키웁니다. 그러면 남을 내려다보게 됩니다. 지식은 남에게 도움이 되기 위한 것이 아니라 내 자아를 채우기 위해 사용하는 것입니다. 과학 지식이 인류를 멸망의 우기로 몰아넣은 것은, 인간이 자아를 위해 배웠기 때문입니다.

인간은 나와 남의 행복을 위해, 이해 능력을 향상시키기 위해, 자아의 크기를 줄이기 위해 배워야 합니다.

10월 27일   내 마음을 키우다

부모는 자식의 일을 자기 일처럼 걱정합니다. 자식이 죄를 저질러 감옥에 들어갔다고 해도, 부모는 자식을 조건 없이 사랑합니다.

그런데 그런 부모님조차 주지 못하는 행복을, 스스로 자신에게 선물할 수 있다는 사실을 아시나요?

올바르게 자란 '내 마음'이 나에게 궁극의 행복을 선사해 줍니다.

만약 행복해지고 싶다면 다른 사람의 애정을 기대하지 말고 '내 마음'을 키우면 됩니다.

10월 28일 잘 안다고 착각하는 어리석은 자

스스로 잘 안다고 생각하는 사람은 어리석은 사람입니다. 모른다고 하는 사람은 어리석지 않습니다.

내가 옳다는 생각에 휩싸여 있는 사람은 남의 말에 귀를 기울이지 않습니다. 자신의 나쁜 행동거지를 고칠 생각조차 하지 않습니다.

잘 안다고 말하는 사람 앞에는 가르쳐 주거나 힘을 빌려주는 사람이 나타나지 않습니다. 이런 사람은 언젠가 반드시 실패합니다.

'잘 몰라', '나는 옳지 않아'라고 스스로 인정하는 사람에게 성장의 기회가 찾아옵니다.

10월 29일 현자로 보이고 싶은 어리석은 자

어리석은 자의 특징은 자기가 현자처럼 보이고 싶어 한다는 점입니다. 어리석은 자는 체면을 차리며 거들먹거리려 합니다.

그런 사람일수록 유명한 선생님 곁에 붙으려고 합니다. 대단한 선생님 곁에 있다는 것을 자랑스러워하고, "그분 제자야" 하고 불리면 왠지 자신도 대단해진 것처럼 느끼고 싶어 합니다.

그러나 아무리 훌륭한 선생님 옆을 따라다닌다고 해도, 현자로 보이고 싶은 마음을 가진 어리석은 사람이라면 배울 수 없습니다.

10월 30일 죽는 순간까지도 배울 것이 있다

스스로 옳지 않다고 인정하고, 아는 게 거의 없다는 겸허한 마음을 가진 사람일수록 배움을 향한 의욕을 품습니다.

그런 사람은 빠른 속도로 많은 것들을 배웁니다. 그렇게 자신을 알아 가는 세계를 발견해 나갑니다.

죽는 순간까지도 배울 것이 있습니다. 가르침을 받을 것이 있습니다.

'배움은 죽을 때까지'라는 인도 속담이 있습니다. 그리고 불교에서는 늙어 죽을 때까지 도덕을 지키라고 가르칩니다.

10월 31일

끊임없이 배우는 사람은 꽃을 피운다

알고 싶고 배우고 싶다며 진심으로 배움을 추구하는 사람은, 아주 조금이라도 진리를 접하면 바로 그것을 이해할 수 있습니다. 혀끝에 수프가 조금이라도 닿으면 무슨 맛인지 아는 것처럼 말입니다.

아무것도 모른다며 끊임없이 배우는 사람은 반드시 꽃을 피울 것입니다.

다 안다며 거만한 태도로 일관하는 사람은 무지한 상태로 끝을 맞이합니다. 이것은 숟가락이 수프의 맛을 느낄 수 없는 것과도 같습니다. 스스로 모른다고 인정하는 겸허한 마음을 가진 사람이 현자가 되는 이유에 대해, 부처님은 위와 같이 말씀하셨습니다.

11월

선행을 하는 자는
현세에서 즐거워하고 내세에서도 즐거워한다.
선행을 하여
천계에서 태어나 더욱 즐거워한다.

소부경전 『법구경』 18

11월 1일   바쁜 것은
　　　　　　혼란한 것일 뿐

바쁘다며 늘 여유가 없고 쫓기듯 매일을 살아가는 사람이 있습니다.

그 사람은 사실 시간이 없는 것이 아니라 '혼란한' 상태일 뿐입니다.

피곤한 사람에게는 100미터밖에 안 되는 거리도 훨씬 길게 느껴지고, 불면증이 있는 사람에게는 밤이 한없이 길게 느껴집니다.

회사 업무며 집안일이며 척척 잘하는 사람이면 딱히 시간에 쫓겨 조급해하는 일은 없을 것입니다.

일을 잘하는 사람은 무슨 일을 해도 여유가 넘치고 빨리 끝낼 수 있습니다.

11월 2일 '지금, 여기'에 존재하지 않는다

바쁘다는 소리는 시간을 낭비하고 있다는 말입니다. 시간을 낭비하기 때문에 바쁜 상황을 만드는 것입니다.
우리는 지금 해야 할 일을 하지 않고 망상을 하거나 다른 일을 생각하느라 '지금, 여기'에 존재하지 않습니다. 그래서 시간이 쓸데없이 사라지는 것입니다.
일을 잘하는 사람은 시간을 낭비하지 않으며 해야 할 일을 합니다. 그런 사람은 바쁘다고 느낄 일이 없습니다.

11월 3일   마감 시간에 맞추지 못한다는 말은

바쁘다는 말은 마감 시간에 해당 일을 끝마치지 못한다는 의미입니다.

그러나 사실 그럴 수가 없습니다.

하루에 10장밖에 못 쓰는 사람에게 열흘 동안 400장을 쓰라고 하면, 다 못 쓰는 게 당연합니다. 그런 요청은 거절할 수밖에 없습니다.

반면 하루에 100장 쓸 수 있는 사람이 한 달만 달라고 하더니, 한 달이 지났는데 아직 완성하지 못했다고 가정해 봅시다.

그는 바빴던 게 아니라 시간을 낭비해서 완성하지 못한 것입니다.

11월 4일   똑바로 깨닫는 것이 능숙해지는 길

어떻게 하면 모든 일에 '능숙한 사람'이 될 수 있을까요.
그러려면 지금 하는 일이 무엇인지, 늘 '똑바로 깨달아야' 합니다.
지금 해야 할 일에 집중하면 그 일을 무사히 완성할 수 있습니다.
그러면 마음속에 만족감과 평안함이 생겨날 것입니다.

11월 5일 눈앞에 놓인 일을 능숙하게

무슨 일이든 '능숙한 사람'이 되는 것은 매우 행복한 일입니다.
'능숙함'이란 스스로 키워 가는 것입니다.
'난 서툴러. 잘 못 해'라며 괜히 걱정하는 것은 시간 낭비입니다.
'눈앞에 놓인 일을 어떻게 하면 능숙하게 해낼 수 있는지'만 생각합시다.

11월 6일 '능숙한 사람'이란

'능숙한 사람'이란 업무나 다른 일을 할 때 얼마나 낭비를 줄일 수 있는지, 단시간에 좋은 결과를 낼 수 있는지를 보는 능력과 기술을 가진 사람입니다.

11월 7일 매 순간 능숙해질 것

누구나 일이 능숙해지길 바랍니다. 일이 곧 인생이라고 착각할 때도 있습니다.
하지만 우리는 하루 24시간 동안 다양한 일을 하며 살아갑니다.
그래서 하루 종일, 매 순간 모든 일에 능숙해져야 합니다.

11월 8일   작은 일일수록
더 소중하게

작은 일이라도 능숙하게 해내야 합니다.

작은 일이면 누구든 능숙하게 할 수 있기 때문입니다.

아이 달래는 일, 아이에게 밥을 먹여 주는 일, 옷 갈아입혀 주는 일, 설거지하고 정리하는 일.

그런 작은 일이라면 능숙하게 해낼 수 있을 것입니다.

그러고 나서 큰일도 할 수 있겠다는 것을 스스로 깨닫게 됩니다.

작은 일일수록 더 소중히 해야 합니다. 그것이 바로 능숙해지는 길입니다.

11월 9일   1분 동안의 작은 일

큰일을 먼저 하면, 긴장도 되고 이래저래 방법을 궁리하다가 시간과 에너지를 낭비하게 됩니다. 그러면 그 일이 실제보다 더 크고 복잡하게 느껴집니다.

아무리 큰일이라도 1분 단위로 끊어서 하면 작은 일이 됩니다. 망상도 하지 말고, 다른 생각도 하지 말고, 1분 단위의 작은 일에 집중하면 저절로 일이 능숙해집니다. 그러고 나서 그다음 1분짜리 일을 하면 됩니다.

이렇게 하면 큰일도 놀랄 정도로 능숙하게 끝낼 수 있습니다.

11월 10일   모든 것의 인과관계를 살펴볼 것

작은 일들의 인과관계를 잘 살펴보면, 어떻게 해야 하는지 답이 쉽게 보입니다.

큰일에서는 인과관계를 파악하기가 어렵습니다. 하지만 1분 단위로 보면 인과관계가 잘 보입니다.

예를 들어 설거지를 1분 단위로 보면 인과관계가 잘 보입니다. 큰 접시부터 닦을지, 컵을 먼저 닦을지, 숟가락을 닦을지, 어떤 순서로 닦으면 되는지가 보입니다.

이렇게 모든 것에서 인과관계를 살펴보는 것이 '스킬'입니다.

11월 11일 결과를 신경 쓰면 실패한다

결과를 신경 쓰면 실패할 가능성이 커집니다.
결과만 생각하다 보니 과정이 보이지 않게 되기 때문입니다. 과정이 안 보이면 기대한 결과를 낼 수 없습니다.
결과보다 과정이 중요하기 때문입니다.
과정을 정확하게 분석하고 인과관계를 이해한 뒤 시작하면 기대 이상의 결과를 낼 수 있습니다.

11월 12일 결과를 직시하고 마음을 다잡을 것

좋은 결과를 내려면 과정을 제대로 이해해야 하는데, 가끔 결과를 잘 살펴봐야 할 때가 있습니다.

일을 하는 중에 여러 가지 문제나 방해가 생겨서 일이 잘 안 풀릴 때가 있습니다. 그럴 때는 반드시 결과를 내겠다는 마음으로 목표를 분명히 인식하고, 스스로 마음을 다잡을 필요가 있습니다.

그러면 다양한 장애물을 극복할 수 있는 방법이 보이기 시작합니다.

11월 13일 능숙하게 해내는 사람은 행복을 손에 넣을 수 있다

작은 일이라도 인과관계를 살펴보며 일을 진행하는 사람은 '능숙함'이라는 능력이 몸에 밴 사람입니다.

'능숙함'은 괴로움도 걱정도 없이, 낙심하지 않고 밝게 살아가는 에너지입니다.

일상을 능숙하게 살아가는 사람은 행복을 손에 넣을 수 있습니다. 그런 사람은 마음에 상처가 없기에, 죽은 후에는 더욱 큰 행복의 경지에 이를 수 있습니다.

능숙해진다는 것은 선한 삶의 방식입니다.

11월 14일 지금 이 순간 하나씩 도전할 것

인생은 매일 새롭습니다. 똑같은 일은 두 번 다시 일어나지 않습니다.

오늘의 문제는 오늘만의 것입니다. 마주치는 문제는 매번 완전히 새롭습니다.

그래서 '어제와 오늘은 다르고, 내일은 또 어떻게 될지 모른다'라는 마음으로 도전하는 것입니다.

인생은 순간의 연속입니다.

지금 이 순간에 하나씩 도전해 봅시다. 그 순간이 끝나면 더 이상 집착하지 말고 다음 순간에 다시 도전합시다. 그러면 삶이 즐거워질 것입니다.

11월 15일   놀라울 정도로 인생이 바뀌는 비결

'어차피 오늘도 똑같겠지'라는 마음으로 있으면 인생은 즐거울 수가 없습니다.

'오늘은 또 어떤 일이 생길지 몰라. 그래, 하나씩 해 보자'라는 마음으로 지내면 인생은 즐겁습니다.

그런 마음가짐으로 있다 보면 지혜가 생겨나고 일도 더 능숙해집니다. 스트레스도 쌓이지 않고 보람을 느낍니다.

그런 태도로 딱 일주일만 생활해 보세요. 그러면 놀라울 정도로 인생이 바뀔 것입니다.

11월 16일   지금 이 순간에 온전히 몸과 마음을 내려놓을 것

불교에서 명상할 때 중요한 건 지금 이 순간에 온전히 몸과 마음을 내려놓는 것입니다.

'이렇게 되고 싶다, 저렇게 되고 싶다'라는 마음과 어찌 될지 모르는 일은 그냥 내버려두면 됩니다. 내일 일도, 어제 일도 일절 생각하지 않습니다. 내일은 아직 오지 않았고 어제는 이미 끝난 일입니다.

실제로 살아가는 건 지금 이 순간뿐입니다. 따라서 지금 이 순간의 자신만 살피면 됩니다.

지금 이 순간 마음속에서 일어나는 일을 확인하면서 수행하는 마음이 아니라 편안한 마음으로 명상하세요.

11월 17일 과거의 일은 과거에서 끝난 것

과거의 일을 떠올리며 괴로워하는 사람은 불행해지는 연습을 하는 셈입니다.

우리는 이미 끝난 일인데도 과거에 당한 일이나 들었던 말을 다시 끄집어내어 걱정하고 슬퍼하고 화를 냅니다.

계속해서 고민하는 것은, 몸에 박힌 화살을 뽑지 못한 채 아프다고 우는 것과 같습니다. 이는 마치 평생 시신을 등에 지고 다니는 것과도 같습니다.

화살을 뽑지 않고 그대로 두면 괜히 고통스러울 뿐입니다. 무거운 시신을 계속 짊어지고 다니면 쓸데없이 피곤해질 뿐입니다.

11월 18일   착한 일을 할 땐 자연스럽게

착한 일을 하고 싶었는데 상대방이 괜찮다며 거절할 때가 있습니다. 괜히 티 나게 어르신께 자리를 양보하려 들면 거절당할 때가 많습니다. 이런 경우는 착한 일을 하는 것에 익숙하지 않아 거절당한 것입니다.

아무렇지 않게 자연스레 자리에서 일어나면 어르신도 자연스레 자리에 앉을 겁니다.

의도하지 않아도 자연스러운 분위기 속에서 서로 호흡이 맞는 것이지요.

11월 19일   부처님의 마지막 말씀

부처님의 마지막 말씀은 다음과 같이 전해져 왔습니다.
"자, 수행자들이여. 너희들에게 전하노라. 모든 것은 덧없고 사라지는 것이니 나태해지지 말지어다(불방일). 수행을 완성하라."
'불방일(不放逸)'은 팔리어로 '압빠마데나(appamadena)'라고 합니다. 이 순간에 무엇을 해야 할지, 다음 순간에 무엇을 해야 할지, 그때그때 알고 있는 것입니다.
불방일을 통해 마음이 성장해 갑니다.

11월 20일   즐거우면
                         뇌는 지치지 않는다

뇌는 보상을 주어야 제대로 움직입니다. 뇌에 주는 보상은 '즐거움'입니다. 똑같은 일을 반복해야 한다 생각하면 즐겁지 않고 괴롭습니다.

하지만 즐거움이 있으면 지치지 않습니다.

그래서 어떤 일이든 그곳에서 즐거움을 찾으려고 노력하는 것이 좋습니다.

11월 21일 '지금, 여기'의 내가 바로 진리

'나'란 무엇일까요.

바로 '지금, 여기의 나'를 말합니다.

어제의 나는 더 이상 존재하지 않고, 내일의 나는 아직 나타나지 않은 상태입니다.

'지금의 나'가 여기 있으니, 진리는 늘 '지금, 여기'에 존재합니다.

11월 22일　　　어제의 실패

어제의 실패를 지금 근심하는 것은 '오늘도 실패해야지'라고 계획을 세우는 것과 마찬가지입니다.
어제의 실패는 지금 어찌 되는 것이 아니라 어제로 끝입니다.
오늘은 다시 새로운 날입니다. 오늘 일어나는 일만 제대로 하면 됩니다.

11월 23일　　　수표보다 현금

'내일 행복해질 거야'라는 이야기는 그다지 신뢰가 가지 않습니다.

오늘 하루만이라도 충만함을 느끼고, 얼마나 즐겁고 성공적으로 살 수 있을지 마음을 쓴다면 분명히 행복한 사람이 될 것입니다.

아무래도 수표보다는 현금이 안심하고 쓸 수 있습니다.

11월 24일 '내일', '언젠가'

행복이란 '내일' 얻을 수 있는 게 아닙니다. '언젠가' 얻어지는 것도 아닙니다.

'내일'은 변함없이 '내일'입니다. 그래서 '내일' 행복을 얻으려는 사람은 행복해질 수 없습니다.

'언젠가'는 불확실합니다. '내일'이나 '언젠가' 무언가 하겠다는 생각은, 불행해지기로 결심한 사람의 생각일 것입니다.

11월 25일   '내일'은
             어떻게 될지
             아무도 모른다

행복이란 지금 이 순간 손에 넣어야 하는 것입니다.
"내일 행복해지자"라든가, "나중에 행복을 잡자"라고 말하는 사람은 계속 행복해질 수 없습니다.
그런 삶의 방식은 '지금 이 순간은 불행해도 괜찮다. 오늘은 힘들어도 괜찮다'라고 하는 것과 마찬가지입니다.
'내일', '언젠가'는 어떻게 될지 아무도 모릅니다.

11월 26일

무상함 속은 가능성으로 가득 차 있다

'무상(無常)'이라고 하면 부정적이고 염세적인 이미지를 떠올리는 사람이 많을지도 모릅니다.
그러나 무상이란 무한한 가능성이 존재하는 진리입니다.
모든 현상은 무상합니다. 매 순간 변하기 때문입니다.
모든 것이 변하기 때문에 '있다', '존재한다'라고 할 수 있습니다. 변하지 않는 것은 존재하지 않습니다.
우리도 숨을 내뱉거나 들이마실 때마다 새로운 나로 다시 태어나고 있습니다.

11월 27일   모든 일은
　　　　　　　어느 날 갑자기
　　　　　　　일어나지 않는다

어느 날 갑자기 변하지 않습니다.
어느 날 갑자기 사람이 죽지 않습니다.
어느 날 갑자기 꽃이 피었다가 지지 않습니다.
어느 날 갑자기 불이 나거나 지진이 일어나지 않습니다.
모든 일은 인연에 의해 끊임없이 변하고 있습니다. 아무런 원인도 없이, 어느 날 갑자기 일어나지 않습니다.
그것이 '무상'의 생각입니다.

11월 28일 　　　무상이 바로
　　　　　　　　　　존재의 본질

이 세상에서 변하지 않는 것은 없습니다. '무상'이 바로 존재의 본질입니다.

무상이라는 진리를 인정하는 사람은 밝고 활발해집니다. 자신도, 다른 모든 것들도 끊임없이 변한다는 사실을 아는 사람은 마음에서 평안함을 느낄 수 있습니다.

11월 29일   이 순간은
　　　　　　　단 한 번뿐

화가 나거나 기분이 안 좋아지거나 우울해지는 것은 모두 '무상'을 거스르기 때문입니다. 무상을 거스르며 변하지 않으려는 사람은 실패합니다. 모든 것은 변합니다. 그래서 이 순간은 단 한 번뿐이라고 생각하는 사람은 평안함을 얻을 수 있습니다.

11월 30일 재난 대비는 만전을 기했는가

재난 대비는 아무리 철저히 해도 완벽하지 못합니다. 예상한 재난은 절대로 일어나지 않기 때문입니다. 예상한 만큼 일어났다면 그것은 재난이 아닙니다.

실제로 일이 벌어지면 아무것도 할 수 없게 되어 당황합니다. 그래서 어떤 상황에서도 순간적인 판단과 즉각적인 대응이 중요합니다.

12월

어머니가 목숨을 걸고
하나 있는 자식을 지키듯,
모든 살아 있는 존재에게도
무한한 '자비'의 마음을 나누라.

소부경전 『자비경』 중

12월 1일 부처님의 가르침은 늘 새롭다

부처님의 가르침은 석가모니께서 열반에 들으신 지 2,500년이 넘었으나 전혀 낡지 않습니다.

그 가르침은 늘 새롭습니다.

그도 그럴 만한 것이 부처님은 살아가는 것에 대한 진리를 말씀하셨기 때문입니다. 부처님은 '살아가는 방법', '살아가는 것의 의미'를 설명하셨습니다.

시대가 아무리 바뀌고 과학이 발전해도, 우리는 살아가며 늘 중대한 문제에 직면합니다.

삶에 대한 진리는 늘 새롭습니다.

12월 2일 부처님의 가르침에 쓸데없는 이야기는 없다

부처님의 가르침에는 쓸데없는 이야기가 하나도 없습니다.

부처님이 설파하신 가르침은 늘 우리에게 도움이 됩니다. 실천할 수 있는 교과서입니다.

다만 이 세상에는 후세 사람들이 부처님의 이름을 빌리고, 능력을 발휘해 만든 경전도 있습니다. 그런 경전에는 쓸데없는 이야기가 많이 들어가 있는 것이 사실입니다.

그런 경전을 주문처럼 아무 뜻도 모르고 외워도 인격 향상에는 도움이 되지 않습니다.

12월 3일　　경전을 암기하는 이유

'경'이란 부처님이 직접 인간의 마음에 들려주신 말씀입니다.
경을 외워 두면 걷다가 갑자기 떠오르기도 하고, 부처님의 최고의 말씀이 불현듯 입에서 나오기도 합니다.
부처님의 가르침은 문제가 생길 때마다 훌륭한 해결책을 제시해 줍니다.
우리가 살아가는 동안 무슨 일이 일어날지 모릅니다.
그래서 경전을 암기하여 안전을 도모하는 것입니다.

12월 4일   부처님의 말씀이 나를 지킨다

우리는 살아가며 어떤 장면과 마주칠지 모릅니다.
경을 외워 두면 그때그때 필요한 부처님의 말씀이 떠오르는데, 그 말씀으로 나를 지킬 수 있습니다.
예를 들어 "어머니가 된 듯 모든 생명에 자비심을 가지세요"라는 말씀을 암기해 두면, '화내지 말자', '자비심을 키우자' 같은 마음이 듭니다.

12월 5일　　　부처님의 인생 자체가 모범

부처님을 생각한다는 것은 부처님을 마음에 두고 삶의 모범으로 삼는 것을 말합니다.

부처님께 여러 왕이 시주를 올리겠다고 했고, 많은 사람이 다양한 보시를 했습니다. 그러나 부처님은 욕망에 휘둘리지 않았습니다. 본인이 병에 걸려도 '모든 것은 변해 가는 것'이라며 담담하게 받아들였습니다.

부처님의 인생 그 자체가 모범입니다. 부처님을 생각하면 욕망에서 벗어나고픈 마음이 생겨납니다. 고민스럽거나 당황해서 어찌할 줄 모르는 일은 절대 일어나지 않습니다.

12월 6일 대답하는 사이에 진리를 발견하다

부처님의 설법은 모두 대화 형식입니다.

부처님이 대화 상대방에게 "이것은 어떻게 생각하나요?" 하고 질문하십니다. 그러면 상대방이 대답합니다.

상대방은 본인이 대답하는 동안 '아, 그렇구나'라며 스스로 진리를 발견합니다.

늘 부처님의 질문에 답하는 사이에 스스로 진리를 발견하게 됩니다.

12월 7일　　나 또한 자비심을 키워야 한다

많은 사람이 불상을 향해 '부디 구제해 주세요'라며 기도합니다.
하지만 참된 기도란, 구제받기 위한 것이 아닙니다. 나 또한 자비로운 마음을 품고 실천하겠다고 결심하는 데에 그 의미가 있습니다.
굳은 결심으로 무지의 어둠을 깨뜨리고 집착을 버리기 위해 정진합시다.

12월 8일   기도하면 인격이 향상되는가

사람은 자신과 동떨어진, 특별한 힘을 가진 존재에게 배우는 것이 불가능합니다.
부처님은 우리와 같은 인간이기에 배울 수 있습니다.
지장보살님께 기도를 많이 드렸다고 인격이 향상되는 것은 아닙니다. 기도는 그저 "잘 보살펴 주십시오"라는 말로 끝납니다.
초월적 존재인 여래와 부처님에게 공덕과 은혜를 받았다고 해도, 인격 향상으로 이어지지는 않습니다.
부처님의 삶에서 배우는 사람은 인격이 향상됩니다.

12월 9일 관세음보살님이 바라는 바

만약 관세음보살님께서 이곳에 계신다면, '나를 숭배해 달라'고 하시기보다는 자비심을 실천해 달라고 하셨을 겁니다.

부처님도 자신의 눈앞에서, 자신이 설법한 경전을 읽어 달라고 하시지는 않았을 것입니다. 오히려 '거참, 시끄럽네'라고 생각하실지도 모릅니다. 말 그대로 부처님께 설법을 하는 꼴입니다.

불상 앞에서 기도를 올리거나 경전을 읽기보다는, 자비심을 키워 부처님의 가르침을 실천하려는 마음가짐이 중요합니다.

12월 10일 　　자비심을 기를 것

부처님께서는 "아주 잠깐이라도 자비심을 기르라. 그것만으로도 훌륭하다"라고 말씀하셨습니다.
하지만 아무것도 하지 않고 가만히 있는다고 자비심이 생기지 않습니다. 자비의 마음은 저절로 생겨나는 것이 아닙니다. 생명이란 본래 이기심덩어리입니다.
그래서 억지로라도 자비심을 키워야 합니다.
모든 생명에 대해 자비심이 생겨나면 내 안의 이기심덩어리가 부서질 것입니다.

12월 11일 모든 생명이 행복하기를

자비심을 키우기 위해서는 언제나 '모든 생명이 행복하기를 바랍니다'라는 마음을 지니고 있어야 합니다. 그리고 가능한 화를 내지 않도록 주의해야 합니다. 한바탕 화를 내면 자비심이 사라져 버리기 때문입니다. 자비심은 모든 생명에 대해 서서히 퍼져 나갑니다. 자비심이 생기면 자아의 환상과 주관이 사라지며 마음이 해방됩니다.

12월 12일　　개미 한 마리에게도 자비심을

부처님은 "자신을 불쌍히 여긴다면 다른 모든 생명도 불쌍히 여기라"라고 말씀하셨습니다.

무조건적, 무제한적으로 모든 생명에게 자비를 베풀면 온갖 문제가 해결됩니다.

개미 한 마리에게도 자비심이 있다면 사람은 금방 행복해질 수 있습니다.

12월 13일 계율을 지키면 마음이 성장한다

'계율'이란 도덕적으로 살아가는 것을 말합니다.

도덕은 절대 깨서는 안 됩니다. 도덕을 깬 사람은 이 세상에서 살아갈 권리조차 박탈당합니다.

계율을 지키는 사람은 어둡지 않으며, 마땅히 해야 할 일을 하며 밝게 살아갑니다.

계율은 '다른 생명을 살생하면 안 된다', '거짓말을 하면 안 된다', '남의 물건을 훔치면 안 된다'처럼 지극히 상식적인 것들입니다.

이런 도덕을 성실히 지키며 살아가면 인생은 차근차근 성공하게 됩니다.

12월 14일   수행과 자비심은 별개

아무리 수행을 거듭해도 "수고하셨습니다" 한마디가 끝인 사람이 있습니다.

그 이유는 자비심을 아직 기르지 못해서입니다. 자비심이 없는 사람은 '나만 좋으면 된다'라는 생각으로 살아갑니다.

그런 마음을 가지고 있으면 아무리 수행을 거듭해도 자아만 더 비대해집니다.

그러니 수행으로 훌륭한 인간이 되고자 하는 사람은 자비 실천을 통해 자아를 깨뜨려야 합니다.

12월 15일   자비 명상법

자비심을 기르는 방법이 있습니다.

먼저 '제가 행복하면 좋겠습니다'라고 솔직한 마음으로 기도합니다. 그다음으로 '제 주변 사람들이 행복하길 바랍니다'라고 기도합니다. 그러고 나서 '살아 숨 쉬는 모든 것이 행복하길 바랍니다'라며 모든 중생의 행복을 기원합니다. 나아가 '제가 싫어하는 사람들도, 저를 싫어하는 사람들도 행복하길 바랍니다'라며 기도합니다.

이 '자비 명상'을 계속하면 서서히 자비심이 무한대로 자라납니다. 오직 그것만 꾸준히 실천하면 반드시 위대한 인격자가 될 수 있습니다.

12월 16일　　　부처님의 명상

부처님의 명상은 사회와 동떨어진 특별한 의식 등을 수반하는 신비로운 것이 아닙니다.

'살아간다는 것은 무엇인가'에 대한 해답을 발견하는 것이 부처님의 명상입니다.

'살아 있다는 것은 무엇인가', '지금 무엇을 하고 있는가'처럼 순간순간 구체적으로 살펴보는 과정입니다.

'지금, 여기'에 존재하는 '나'를 깨닫고, 내 마음을 살펴보는 과정입니다.

12월 17일 나를 실마리로 삼기

나를 실마리로 삼아 진리를 발견하는 것이 불도 수행의 목적입니다. 좋은 인간이 되려고 마음먹어도 쉬운 일이 아닙니다. 그런 생각은 떨쳐 두고 오로지 지금의 나를 깨닫는 수행에 정진합시다.

깨달음의 실천을 통해 진리를 발견하면 마음이 정화될 것입니다. 집착이 사라지고 마음의 자유를 맛볼 수 있습니다.

그러려면 외부에서 또 다른 내가 관찰하듯이 객관적으로 나를 관찰해야 합니다. 이것이 바로 나를 실마리로 삼아 진리를 발견하는 방법입니다.

12월 18일 　　　마음속 패턴

부처님의 명상에서는 지금 살아가고 있는 나를 관찰합니다.

지금의 나를 관찰하면 먼저 신체의 역할, 그리고 다음으로 감정의 파도 등이 보이기 시작합니다.

나아가 마음속 패턴도 보이기 시작합니다.

'항상 이럴 때 화가 난다, 문제를 일으킨다, 외롭다' 등의 패턴이 보입니다.

깨달음을 얻으면 지금 교착되어 있던 근심에서 해방될 수 있습니다.

똑같은 문제가 두 번 다시 일어나지 않게 됩니다. 마음이 편안해집니다.

12월 19일 집안일로 나 관찰하기

'나를 관찰'하는 일은 집안일을 통해서도 가능합니다. 예를 들면 설거지할 때 '(접시를) 든다', '물로 닦는다', '물기를 턴다', '놓는다'와 같이 머릿속에서 순서대로 말하면서 해 봅니다. 청소기를 돌릴 때도 '밀기', '당기기'처럼 하나하나 동작을 생각하면서 해 봅니다.

세탁기를 사용할 때도 '빼기', '넣기', '돌리기' 등 행위와 동작을 하나하나 확인하면서 단어를 떠올려 봅니다. 이렇게 하면 괜한 스트레스나 실수 없이 동작만 착착 진행됩니다. 고통 유발자인 자아가 이때 사라지게 됩니다.

12월 20일 있는 그대로의 사실 확인하기

'나를 관찰'하는 일은 등교나 출퇴근 중에도 가능합니다. 몸속에서 일어나는 진동, 몸의 흔들림, 넘어질 뻔한 상황, 다리를 벌려 균형 잡고 서 있는 상황, 여러 가지 소리, 햇볕을 쬐는 것 등 내 몸에 일어난 사실을 확인해 봅니다.

'서 있다', '보고 있다', '들린다'와 같이 사실을 말로 정리합니다.

그러면 이런저런 잡념이 마음속에서 말끔하게 사라져 갈 것입니다.

12월 21일 마음을 깨끗하게 하는 방법

마음을 깨끗하게 하려면 어떤 방법이 있을까요. 바로 항상 '나를 관찰'하는 것입니다.

굳이 특별한 장소에 가서 수행하지 않아도 괜찮습니다. 언제 어디서든 가능한 방법입니다.

단순 걷기에서도 나를 관찰할 수 있습니다. 걸어가는 감각을 느끼면서, 천천히 발가락을 옮깁니다. 이 움직임을 또 다른 내가 관찰하듯 확인하면서 걷습니다.

이 방법을 한 시간 정도 실천하다 보면 마음이 깨끗해져 있음을 느낄 수 있습니다.

12월 22일 객관적으로 관찰하기

우리는 지금 이 순간을 살아가고 있습니다. 지금 가능한 일만 할 수 있습니다. '나를 관찰'하려면 지금 가능한 일을 하면서 관찰을 위한 확인만 할 수 있으면 됩니다.
화가 났을 때는 화난 순간의 마음을, '화, 화'라고 객관적으로 확인합니다.
이때 '화내면 안 돼. 화를 진정시키자'라는 생각은 하지 않습니다.
그저 객관적으로 '화, 화'라고 관찰합니다.
그러면 화가 사라져 갈 것입니다.

12월 23일 감정만 실황 중계하기

자아가 있으면 그 감정이 겉으로 드러납니다.
화, 질투, 우울함과 같은 감정은 사람을 파괴합니다.
이럴 때는 그 감정만 실황 중계해 보세요.
화가 날 땐 '화, 화'.
질투가 날 땐 '질투, 질투'.
우울할 땐 '우울, 우울'.
그러면 그 감정이 사라질 것입니다.
그리고 마음이 평안해질 것입니다.

12월 24일   감정과 행동만 객관적으로 확인하기

화나 질투 등 어떤 감정인지 제대로 확인하면 '나'라는 존재는 소멸합니다.

'나는 질투하고 있다'가 아니라, '질투'라고 감정만 확인하면 됩니다. '나는 화가 났다'가 아니라 '화', '나는 우울하다'가 아니라 '우울', 이렇게 감정만 확인해 주세요. 객관적으로 감정이나 행동만 확인하면 'ㄴ'라는 감각은 기능하지 않습니다. '나'가 진작에 사라졌고 그곳에 나 자신은 존재하지 않습니다.

이렇게 좋지 못한 감정을 극복할 수 있습니다.

12월 25일 자아가 감정에 영양분을 준다

감정에 영양분을 주는 것은 자아입니다. 자아가 사라지면 그 감정은 무너져 버립니다.

"아파"라고 말하면 그곳에는 자아가 있습니다. 그러면 고통이 찾아옵니다.

'아파'가 아니라 '통증'이라고 객관적으로 관찰하는 것으로 충분합니다.

감정이란 무지에 의해 생겨난 것이기에, 객관적으로 확인만 하면 그 감정은 사라집니다.

12월 26일　　명상으로 사라지는 '내가 옳다'

'내가 옳다'라는 마음은 무의식적으로 존재합니다.

그래서 '나를 관찰'하는 실천이 필요합니다.

실천을 통해 나라는 현상이 어떻게 구성되어 있는지 명확하게 겉으로 드러납니다. 그러면 '내가 옳다'라는 마음은 사라지게 됩니다.

'자아는 성립되지 않는다'를 발견하는 것은 깨달음의 첫 단계에 이르는 것입니다.

12월 27일   점점 사라져 가는 '아(我)'

'아(我)'라는 것은 환각입니다.

명상을 거듭하면 '아(我)'라는 환각이 점점 사라져 갑니다.

그러면 마음이 매우 차분해집니다.

자아라는 환각을 깨뜨리면 마음이 서서히 자유로워집니다.

수행이 진행되면 자만도 사라지고 겸손해지며, 모두를 돌보면서 즐겁게 살아갈 수 있게 됩니다.

그렇게 되면 행복하고 주위에서도 기뻐합니다.

12월 28일   식사가 명상이 된다

하루에 한 번이라도 시간을 들여 느긋하게 식사해 봅시다.

식사할 때의 동작 하나하나를 정성스레 확인합니다.

앉는다, 본다, (젓가락을) 든다.

(입으로) 옮긴다, (입에) 넣는다.

씹는다, 맛본다, 삼킨다.

음식의 감촉을 느긋하게 확인해 봅니다.

지금껏 경험해 보지 못한 평온한 세상이 펼쳐질 것입니다.

이 식사 명상으로 마음이 자라고, 차분한 인격으로 성장해 갈 수 있습니다.

12월 29일   고작
한 조각으로

평상시의 식사를 명상으로 체험해 보세요.

분명히 새로운 발견이 있을 겁니다. 지금까지 몰랐던 음식의 미세한 맛을 알게 됩니다.

당근 한 조각일지라도 먹는 행위를 잘 확인하면서 먹으면, 소재 본연의 맛과 향, 감촉이 깜짝 놀랄 정도로 잘 느껴집니다.

고작 당근 한 조각이 엄청난 행복감과 평안함을 줍니다. 몸속 세포 하나하나가 감동하고 바로 건강해집니다.

12월 30일 소소한 것에서 차분해지다

느긋하고 차분하게 식사하다 보면 처음에는 약간 짜증이 날지도 모릅니다. 그래도 포기하지 말고 끝까지 실천해 보세요.

차분한 식사가 가능해지면 살면서 생기는 이런저런 짜증도 사라집니다.

일상의 소소한 것에서부터 차분함을 체득하면, 인생 자체에 늘 차분함이 유지됩니다.

12월 31일 물 한 잔 마실 때의 기쁨

물 한 잔 제대로 마시는 일은 절대 쉬운 일이 아닙니다. 의미 없는 것들을 생각하면서 욕심내서 허겁지겁 물을 마시는 건 개나 고양이도 하는 행동입니다.

이번에는 머릿속에서 동작 하나하나를 단어로 확인하면서 마셔 봅시다.

손을 뻗어, 컵을 쥐고, 입가로 가져와서, 입에 대고, 물을 입속에 넣은 뒤, 컵을 올려놓고, 손을 놓고, 물을 맛보다가, 삼킵니다. 그리고 다시 손을 뻗어서…

이렇게 아주 천천히 15분 정도 시간을 들여서 해 봅시다. 매번 새로운 발견이 있어 신기하고 즐겁습니다.